《家长阅读》丛书

教育孩子要热爱生命

《家长阅读》丛书编委会 ◎ 编

河海大学出版社
·南京·

图书在版编目(CIP)数据

教育孩子要热爱生命/《家长阅读》丛书编委会编
. --南京：河海大学出版社，2024.3
（《家长阅读》丛书）
ISBN 978-7-5630-8920-8

Ⅰ．①教… Ⅱ．①家… Ⅲ．①生命哲学－家庭教育－研究－中国 Ⅳ．①B083②G78

中国国家版本馆CIP数据核字(2024)第064206号

书　　名	教育孩子要热爱生命
	JIAOYU HAIZI YAO REAI SHENGMING
书　　号	ISBN 978-7-5630-8920-8
责任编辑	吴　淼
特约校对	丁　甲
封面设计	徐娟娟
出版发行	河海大学出版社
地　　址	南京市西康路1号(邮编：210098)
电　　话	(025)83737852(总编室)
	(025)83722833(营销部)
	(025)83787674(编辑室)
经　　销	江苏省新华发行集团有限公司
排　　版	南京布克文化发展有限公司
印　　刷	江苏农垦机关印刷厂有限公司
开　　本	880毫米×1230毫米　1/32
印　　张	2.75
字　　数	60千字
版　　次	2024年3月第1版
印　　次	2024年3月第1次印刷
定　　价	15.00元

《教育孩子要热爱生命》编委会

特邀顾问：赵忠心　赵　刚　王大龙
顾　　问：刘学东　陶美霞　郑　勇
　　　　　　陈　伟　刘　群　李慧秋
主　　任：赵　云　王乃友
委　　员：（按姓氏笔画排名）
　　　　　　王　娟　王清平　毛宗俊
　　　　　　倪成城　张宝林　陈俊祥
　　　　　　姜洪洋

前　言

家庭是社会的基本细胞，家庭承载着国家与民族的前途和希望。"天下之本在国，国之本在家""家和万事兴，家齐国安宁"。以习近平同志为核心的党中央高度重视家庭、家教和家风建设。在2018年全国教育大会上，习近平总书记对家庭教育作了"四个第一"的精辟概括。他指出，家庭是人生的第一所学校，家长是孩子的第一任老师，要给孩子讲好"人生第一课"，帮助扣好人生第一粒扣子。在2015年春节团拜会上，习近平总书记谆谆告诫大家：不论时代发生多大变化，不论生活格局发生多大变化，我们都要重视家庭建设，注重家庭、注重家教、注重家风，紧密结合培育和弘扬社会主义核心价值观，发扬光大中华民族传统家庭美德，促进家庭和睦，促进亲人相亲相爱，促进下一代健康成长，促进老年人老有所养，使千千万万个家庭成为国家发展、民族进步、社会和谐的重要基点。

2021年10月23日，第十三届全国人民代表大会常务委员会第三十一次会议通过了《中华人民共和国家庭教育促进法》（以下简称《家庭教育促进法》），标志着家庭教育真正地由"家事"变成"国事"。

认真学习习近平总书记关于家庭教育的系列重要讲话精神，全面贯彻落实《家庭教育促进法》，进而实现中华民族伟大复兴的中国梦，是我们编纂《家长阅读》丛书的初衷。

坚持科学性、知识性、趣味性，立足高品位，弘扬正能量，博采天下家教精华，读者朋友喜闻乐见，成为"家长的益友，家教的良师"，是《家长阅读》丛书的编纂宗旨，也是《家长阅读》丛书不懈追求的目标。

家庭教育是一切教育的基础。家庭教育决定孩子的未来。走进新时代，如何做一名合格的家长，是每一位负责任、有担当的家长不能回避的问题。

为国教子，是新时代家庭教育的价值取向。坚持为家教子与为国教子的有机统一，坚持个人成长与社会进步的有机统一，万户千家共同发力，各方能量竞相叠加，才能形成民族前行的磅礴之势。

立德树人，是新时代家庭教育的核心要义。家长要善于掌握规律，科学育德，灵活育德，根据新时代儿童成长特点，培养孩子高尚的操守和优秀的品格。

以身垂范，是新时代家庭教育的基本方法。家长要秉持正确的世界观、人生观、价值观，谨言慎行，防微杜渐，言传身教，做好表率。

本套丛书的编纂工作，得到河海大学出版社的鼎力支持，国内著名家庭教育专家赵忠心、赵刚、卢勤、王大龙等老师也倾力相助，在此谨致衷心的感谢！

《家长阅读》丛书编委会

目 录

第1章 家教视点 ……………………………… 1
 教育孩子珍爱生命 ……………………（王 玲）1
 教育孩子珍爱生命之管见 ……………（朱红昆）6
 好好活着就是爱 ………………………（蒋建飞）10
 生命教育是教育的最高追求 …………（仲启新）14
 破茧成蝶是生命拔节的声音 …………（徐万田）17

第2章 家教论坛 ……………………………… 21
 家风熏陶家教 …………………………（赵忠心）21
 家长要关注孩子的思维品质 …………（房元品）24
 让孩子学会接受生活中的不如意 ……（周建洋）28
 孩子叛逆,家长如何应对? ……（沙瑞新 陈 浩）30

第3章 学法崇德 ……………………………… 33
 守护未成年人网络环境,父母都能做些啥? …………
 ……………………………………………（凌 轩）33
 珍爱生命,向交通违法行为说"不"! ……（晓 华）36

第4章 家教故事 ……………………………… 39
 "我是光荣的升旗手" …………………（周祝君）39

第5章 学前教育 ……………………………… 41
 培养幼儿延迟满足的能力 ……………（李一凡）41
 夸夸孩子没有形成的优点 ……………（董建华）47
 家长如何做好幼小衔接? ……………（伍元杰）50

第6章 家庭生活 ……………………………… 53
母女骑行 ………………………………（红　昆）53
领孩子逛菜市场 ………………………（汪　志）57

第7章 灯下夜话 ……………………………… 60
慢慢成熟的苹果 ………………（庄　彬　陈彬铨）60
莫让励志成为冷暴力 …………………（李良旭）63

第8章 家教文萃 ……………………………… 65
陪伴，既让孩子成长，也让家长成长 …（左宪法）65
少一些约束和限制 ……………………（廉福录）67
莫为孩子"护短" ………………………（鲁庸兴）68

第9章 忘年文苑 ……………………………… 69
灯亮案头 ………………………………（龚　正）69
清明时节忆纷纷 ………………………（贾　坤）71
戏如人生 ………………………………（孙盛元）73

第10章 教师手记 ……………………………… 75
让"问题学生"抬起头来走路 …………（嗞　庸）75

第11章 他山之石 ……………………………… 77
加拿大的课外家庭教育简介 …………（王子游）77

第1章 家教视点

引言:据悉,2023年暑假开学后的第一天,某市就发生了多起学生跳楼事件。近年来,各地有关青少年学生的极端事件屡有发生,一朵朵娇嫩的花蕾夭折了,一个个原本非常幸福的家庭从此蒙上了阴影。家庭、学校、社会是青少年成长的三大重要环境,对他们的学习生活、心理健康产生着巨大的影响。家长如何确立明智的育儿理念,学校如何培养学生的综合素质,社会如何营造青少年成长的良好环境,都是当下无法回避的、必须引起我们高度重视的话题。为此,我们就如何珍惜生命和保护青少年的健康成长,邀请王玲等专家学者,对这一问题进行解剖,提出他们的真知灼见。

教育孩子珍爱生命

"成年的问题源于童年,童年的问题源于家庭。"在我做家庭教育与咨询这十几年的过程中,我越发感到家庭对于孩子的重要作用。近年来,不少孩子与家长的冲突愈演愈烈,甚至不少孩子一言不合就要寻短见。我们整个国家自杀率在大幅度下降,但是中小学生自杀率却在上升。最新发布的《2022年中国青少年自杀报告》中的调查数据显示,我国平均每年有10万名青少年死于自杀,也就是说,平均每天有200多个孩子选择离开这个世界。这样的数字让人无比痛心。那些玩手机、游戏上瘾的孩子,在被家长没收手机之后,有的"几乎疯了一样!砸掉了家里所有的东西",有的"拿头撞墙",还有的要跟父母拼命甚至跳楼自杀!孩子们到底怎么了?是现在的孩子太脆弱了,还是父母根本不了解孩子,结果让冲突越来越严重,孩子只能以死反抗?在孩子冲动行为的背后,是否有值得被父母看见但又常常被父母忽略的原因?

有数据显示,全国有超过半数的学龄孩子的家长处在中等偏上的焦虑状态,他们在源源不断地制造潜在的医院精神科病人、各种心理疾病患者。一位北京的精神科医生说,家长们用焦虑养出来的娃,最后都送到他那里了。大量事实表明,忽视心理问题和心理疾病的父母是相当普遍的。某高校的一位高考状元在一次尝试自杀未遂后这样说:"19年来,我从来没有为自己活过,也从来没有活过。我不知道我是谁。我不知道我到哪儿去了,我的自我在哪里。我觉得我从来没有来过这个世界。我不知道自己要成为什么样的人。"我在自己处理过的个案中,追寻那些"逆反"、自残甚至自杀的孩子的家庭发现,几乎亲子关系都存在问题。

1. 在青春期的年龄却有"更年期"症状的女孩。一位重点学校高中一年级普通班的女生,因为在一次考试中成绩优异,就被父母督促向清华大学和北京大学"进军"。孩子在高二进入重点班后,发现自己无法适应学习节奏,很难融入班集体,于是央求父母与老师沟通让她再回普通班。父母严厉指责孩子不上进,拒不同意。后来这女孩就出现了消瘦、掉头发、没有食欲、睡眠不佳等症状,甚至说活着没有意思……母亲带她去医院,大夫说她是"在青春期的年龄有更年期的症状",要家长马上带她去看心理医生。

2. 给爸爸打"负分"的男孩。一个高中患抑郁症的男孩前来咨询,我请他给家庭成员打分,并告知他零分是最低分。他立即问我:"有负分吗?"他说:"我给爸爸打的分就是要负到底!"他还说:"我得了抑郁症都是我爸爸的缘故。我从来不能违背爸爸的意愿,否则他就对我拳脚相加。我考试成绩好了,告诉他,被他视为空气,但是没考好肯定躲不过一顿胖揍。有一次我把手机摔了,爸爸竟然把我绑在床上打……"

3. 不断自残的女孩。一个小学成绩不错的女孩,上初中后反感妈妈总是唠叨,责备她不努力学习,于是和妈妈对着干,真的不再认真学习了。结果是一段时间后,她在课堂上听不懂,作业也不会做。她就要求妈妈同意自己不上学,去美容店做按摩师。妈妈说:"义务教育阶段你不上学就是违法。"她便开始自残,不吃早餐而大量喝醋,在课堂上呕吐,和男孩子打架,晚上宁可睡在大桥下也不回家。看妈妈仍没有反应,便用小刀划破手腕,向妈妈"示威"……

4. 想要自杀的精英家庭女孩。一个漂亮的小女孩,父母都是业界精英,从小被送入国际幼儿园,4岁开始学外语,坚持一年后非常厌倦,她妈妈只好叫停。为了让她勤奋努力,妈妈竟然骗她说:"你不是我亲生的孩子,你必须自己奋斗。"天知道这番话在孩子的幼小心灵中会留下什么痕迹。在妈妈一路严格的管理下,小女孩学习成绩一直优异,但到了青春期,心情不愉快,成绩也大幅下降,因此妈妈责备她是在"摆烂"。终于,她在学校因一件小事大发脾气之后哭闹着要去死,经医院诊断为精神分裂症,住院一周不能缓解,于是妈妈决定辞职陪伴孩子……

以上这些案例中,父母只紧盯孩子的学习,忽略了亲子关系。要知道,家庭教育的核心是亲子关系,孩子在幼年时期,心理和情绪上都需要父母的关照与满足。孩子出现问题时,家长首先要自我觉察,自己的教育方式或者沟通方法在哪里出了问题。我们不能总是聚焦于问题,却忽略了关系。北京市曾经抽样调查了3 000多名中学生的心理状况。调查结果显示,13%的孩子反感父母,56%的孩子极度反感和痛恨父母,只有5%左右的孩子喜欢自己的父母。这真的是一组触目惊心的数据。

父母必须从孩子的角度看问题,认同孩子的感受,满足孩子的各种真正的心理需求。好的父母要像一个容器,把孩子不能承受的情绪经过自己的咀嚼变为方法和力量返还给孩子,满足孩子的心理需求,使孩子的身心不断得到成长。但是有的父母却加重了孩子的焦虑。

北京的一位精神科医生说:"我做了至少上万个小时、几千个孩子的心理咨询。走进他们的内心世界,我发现孩子越来越苦,老师越来越累,家长越来越焦虑,经常是满盘皆输的局面。"未成年人是被动的弱者,其所有的问题都是身边成年人造成的。父母不仅没有给予他们尊重,没有告诉他们要珍爱自己的生命,还往往因为他们的学习成绩不满足自己的期望而把他们逼出焦虑症、抑郁症来,以致他们只能以死反抗。每个孩子与生俱来地期待自己被生命中重要的人认可。假如父母对于认可孩子这件事根本不上心,或者认为"打压式"教育对孩子的成长更有利,孩子本就脆弱的心灵就可能崩塌,这会给他们带来一种被毁灭的感觉。

父母在跟孩子的互动中,要帮助孩子把情感表达出来,把愤怒和不满言语化,而不要用冲动行为去表达负面的情绪。父母可以表达愤怒,但不要用愤怒来表达。

教育孩子热爱生命,要从父母做起,从良好的亲子关系开始。从小被父母给予精神滋养的孩子,长大后,心理会更健康,会有更加清晰的人生方向,也会有对抗任何不公、挫折、苦难的底气和力量。

(王 玲)

教育孩子珍爱生命之管见

《孝经》中说:"身体发肤,受之父母,不敢毁伤,孝之始也。"这句话的意思是人的身躯、毛发和皮肤,都是父母给予的,不能轻易伤害、毁坏,这是尽孝的第一步。可是,现在社会中孩子轻生的惨剧时有发生,令人触目惊心、扼腕叹息。教育孩子珍爱生命已经成为刻不容缓的重要工作。那么我们该如何去做呢?我进行了一些思考,仅供大家参考。

第一,让孩子明白生命来之不易

明白了生命来之不易,才不会轻易舍弃。因此,对孩子进行生命教育尤为重要。我们可以根据不同年龄孩子的特点,采取适合的方法,让孩子明白自己是无数竞争者中最优秀的那一个,克服了重重困难,才得以来到人世间。而妈妈更是为此付出了极大的艰辛,冒着生命危险才生下了自己。自己是爸爸妈妈生命的延续,承载着爸爸妈妈最深切的爱和希望,并不完全只属于自己。孩子必须珍爱自己的生命,没有权利践踏生命,更不可以随便结束生命;否则就对不起自己曾经的努力,对不起爸爸妈妈的爱和深情。

这种教育要渗透到日常生活中,比如在孩子过生日的时候,妈妈讲述当年生孩子时候的感受;和孩子一起看小时候的照片、视频的时候,父母告诉孩子成长过程中的点滴。我们家就经常给孩子讲述矮个子的我们为了让他长得高一些采取的措施——带着他跳绳,让他早睡,以及哄着他早晨喝一袋牛奶、晚上喝一瓶酸奶……我觉得这种讲述会如细雨润物无声般让孩子懂得生命的珍贵。

另外,我们还可以通过带着孩子一起观看有关生命的纪录片、参加有关生命的主题讲座,以及阅读与命运抗争的励志故事等方法,进一步强化这种珍爱生命的教育。

第二,提高孩子的抗挫折能力

在这个竞争激烈的时代,孩子面临的压力巨大,而这往往是他们轻生的导火索。因此,拥有强大的抗挫折能力就尤为重要了。具体来说,我们也许可以主要从以下这些方面着手。

1. 教育孩子正确认识挫折

当孩子遇到挫折时,我们家长要及时与孩子沟通,让孩子明白没有一帆风顺的人生,"天有不测风云"是常态。挫折不可怕,它与其他事物一样具有两重性。它会给人以打击,但是,"自古雄才多磨难",只要我们勇敢正视挫折,努力从挫折中寻找正面教训,挫折就是成长和学习的机会,就会转化成人生财富。我们可以列举一些名人的事例来深化这种教育,比如不是被贬谪就是在贬谪路上的苏东坡。

2. 给孩子树立应对挫折的榜样

俗话说"龙生龙,凤生凤,老鼠的儿子会打洞"。耳濡目染,家长对孩子的影响是巨大的。所以,我们要以身作则,面对挫折时,表现出足够的冷静和坚韧,展现处理挫折的健康方式,为孩子树立良好的榜样。

3. 鼓励孩子寻求解决问题的方法,并给孩子提供支持和温暖

在孩子遇到挫折时,耐心地倾听他们的问题和担忧,鼓励孩子主动寻找解决问题的途径,并帮助孩子分析问题、制订计划,采取实际行动来克服困难。同时告诉孩子,战胜困难不可能一蹴而就,而要发扬水滴石穿的精神,坚持不懈。这样的做法有助于提高孩子解决问题的技能。另外,我们还要告诉孩子,我们理解他们的感受,因为我们曾经也遭受过挫折,让孩子感受到来自家长的关心和温暖。孩子有了爱的依靠,面对挫折就会勇敢很多。

4. 鼓励孩子寻求帮助

我们可以告诉孩子,面对挫折时,寻求对策和支持是正常的。他们可以向家人、老师或朋友求助,以获取帮助和指导。

5. 给予积极的反馈和奖励

面对孩子在应对挫折时所做的努力,我们不能只关注结果,而要奖励他们的坚持和解决问题的能力。就算是最终的结果不尽如人意,只要孩子努力了,我们就要奖励。

第三,创造安全的家庭环境,建立健康的沟通渠道

温馨、和睦的家庭环境,会给孩子温暖和安全感,而健康的沟通渠道更是解决孩子的心理问题所必需的。我们千万不能高高在上,摆出家长的威严,甚至嘲笑孩子,相反,我们要把孩子当朋友,耐心地倾听,这样孩子才会对我们敞开心扉,我们才会获得帮助孩子排解压力和解决心理问题的机

会,也才会成为孩子永远坚实的依靠。另外,我们还要教会孩子如何表达他们的情感和需求,并倾听他人的建议。这将帮助他们更好地与他人交往、解决冲突并建立良好的人际关系。我觉得,这些可以从客观上帮助孩子珍爱生命。

第四,培养孩子的慈爱之心,教育孩子珍爱一切生命

孩子小,也许不懂得慈悲的含义,但是我们可以通过一些具体的做法,让他们学会珍爱生命。比如,我们带着孩子去公园玩时,看到蚯蚓爬到了路上,我们可以和孩子一起把它挑到草地上,并告诉孩子蚯蚓也是小生命,需要被爱护,如果放任它在路上,它会被人踩死的。孩子被美丽的花儿吸引,想要摘的时候,我们可以告诉孩子,花儿也有生命,如果把它们摘下来,它们会疼的。条件许可的话,我们还可以带着孩子去做义工或参加结对扶贫等活动。

通过这些教育,慢慢地,孩子就会拥有一颗柔软的慈爱之心,就会懂得要珍爱一切生命,当然就更会珍爱自己的生命了。

第五,不要给孩子演示暴力

"父母是孩子的第一任老师",所以,切记千万不要给孩子演示暴力,就算是玩游戏也不可以。因为暴力会深深地刺激到孩子、影响到孩子,他也会学这种暴力,从而在一条不尊重生命的道路上越走越远,以致遇到困难挫折的时候,就有可能发生自戕的悲剧。

人生没有过不去的坎,而生命只有一次,愿我们的孩子都懂得珍爱生命!

(朱红昆)

好好活着就是爱

近日,我于工作之余阅读了作家李晓的作品——《好好活着就是爱》。作品开头这样写道:

"20年前的3月26日凌晨,一个年轻男人躺在了山海关的铁轨上,一辆呼啸而来的火车碾压过他的身体。那天,正好是他25岁生日。这个男人,就是写过《面朝大海,春暖花开》的海子。"

作家在该文末尾处,又这样设问道:

"那么,一个孩子对于母亲,如何表达最深的爱呢?我想,答案只有一个,好好活着,就是对母亲的爱。再没有什么比一个健康美好的生命,让孕育了生命的母亲更幸福的了。"

读完此文,我不由得联想到近期发生于某市的多起青少年跳楼自杀事件。这不得不让我们思考这样一个现实问题:现在的孩子,为什么这么脆弱呢?

现今,每一个孩子,都是父母眼中的稀世名花。养得好,一朝惊艳四座;养不好,费心劳神。然而,今天的孩子为何变得如此脆弱,乃至到了漠视自己宝贵生命的程度了呢?这个问题,真的值得我们每位家长认真思考思考!

然而,当我换个角色去想,如果我是现在的孩子……哇!我不能继续想下去……因为,我竟然觉得:如若让我来做现在的孩子,我未必比他们坚强!

作为我这个年纪的人,我想说说我们以前是如何当孩子的。

我们做孩子那时,真是觉得天地广阔,与大自然联结紧密。放学后上树摘果,下河摸鱼,在田野里放风筝,探索欲、好奇心肆意挥洒。高兴了,我们便漫山遍野地疯跑;不高兴了,也是漫山遍野地疯跑。由此,我们的情绪便有了释放的出口。忆当年,我们自由、放松、随性、不羁,生命力蓬勃,越成长,越有劲。

我们那时上学期间,没有各种社交软件群、工作软件群,放晚学、周末、假期时间里,是不用完成每日在网上打卡作业的,家长自然也不用每日在网上回复"收到""好的"……

而如今的孩子呢,作业不可谓不多,压力不可谓不大;家长的压力呢,自然,也不可谓不大。就当前社会来讲,教育已然内卷得不得了! 照目前这样下去,最后肯定还是一样,一代更比一代压力大! 难怪现在年轻人都不愿生娃了,因为实在太累啦!

如今的孩子们,生活在这么一个日新月异、瞬息万变的时代。很多时候不是他们矫情脆弱,而是我们对他们要求得太多,要求得太高! 你想啊,他们年龄才那么小,本该拥有欢乐的童年,却硬被家长逼着上延时班、培训班、托管班……其实,这就是现代版的"拔苗助长",根本不符合孩子的自然成长规律。而且,如果孩子稍有不对或逆反,有的家长就会极不理智地冲他们发火,甚至惩罚他们。有些坏脾气父母,平时很少懂得对孩子进行心灵关怀、心理疏导,这就很容易对孩子造成心理压力。倘若这种压力,长期无法得到疏解、释放,孩子身心一直处于"负运行"状态,就容易患上抑郁症。

试想,一旦孩子患上抑郁症,而家长又全然不知的话,此时的孩子该会有多么无助,日子该会有多么难挨啊!

现实中,我们许多父母在教训、惩罚了孩子之后,还常常动辄用"这都是为你好"来绑架孩子!借此,希望孩子默默接受或欣然感恩于自己的要求或做法。

这就难怪作家蒋方舟曾说:"每个人都得有父母皆祸害或者父母有可能成为祸害的觉悟,这样会内省,才不会觉得操控、过度干预别人(孩子)的人生是理所当然的。"我也曾在网络上看到类似话题的论坛,发帖者、跟帖者更是言辞激烈,看后不由深思。

我们做父母的,的确很多时候,对我们的孩子是以爱之名爱着,却也以爱之名伤害着!我们不自觉地"借爱之名,行控制之权",于是我们与孩子心灵之间,似隔着一个太平洋,这常让亲子关系变得剑拔弩张。

这也就不难解释孩子们由于学习压力等,常表现出"你不让我做的,我就偏要做给你看"的态度。是啊,孩子们原本是我们最亲的人,然而,很多时候,他们却在绞尽脑汁地想法子"对付"父母。正如一位网友所言:"尊重与理解多么珍贵,控制与驯服又多么常见。"其实问题的症结就在于不理解——这恰恰就是两代人心灵之间难以逾越的鸿沟!

事实上的确如此,父母平日里对孩子有着诸多的不理解,甚而会给孩子造成心理压力。久而久之,让孩子因此而患上了抑郁症等心理疾病,最终导致其贸然结束了自己最为宝贵的生命……我真的不敢循此思路继续联想下去,因为那

太残忍,太悲催!

是啊,现在的孩子真的不是太矫情、太脆弱,而是太苦了!他们几乎要去讨好我们每一个人,却把自己的生活、自己的生命给生生"活没了"!

此刻,我的情绪竟一时无法控制,我已然泪目了……

可是,即便任我们如何再对比,再反思,再总结,再怀念,那些已然陨落的生命终也无法回来了!如今,时代已变,许多大人、孩子,一时还不能适应这个社会所带来的诸多变化和问题,可是我们千万不能被时代被动地裹挟着前行啊!

现在的孩子们确实很累,但我们还应相信,一分耕耘,一分收获。现在洒下的汗水,终将浇灌出丰硕的果实。不过,父母也要让孩子劳逸结合,给他们一些喘息的时间和空间,让他们能够快乐学习,健康成长。希望我们整个社会也要积极做出探索和改变,能给孩子们创设一个更为健康、和谐的成长环境。

最后,我真心希望和呼吁:家庭、学校、社会能多理解孩子,多为孩子"减负",多和孩子沟通……父母、老师,作为成年人,更要学会以一颗平常心来接纳孩子们的错误、缺点、不足,要真心关爱孩子的生命,要学会慢慢等待聆听那"花开的声音"!

因为,好好活着就是爱——让孩子们有个健康的身体,有个健康的心理,这比什么都更重要!

(蒋建飞)

生命教育是教育的最高追求

经常有人这样比喻,如果把幸福比喻成一串数字,那么健康就是这串数字的首位数,这个首位数如果是1~9,后面跟的数字就有意义,这串数字所代表的幸福也是真实可触摸的,这个首位数如果是0,后面有再多的数字都没有意义。

而这一切,都是在有了生命的基础上的。人有了生命,才能谈健康。因此说,生命教育是一切教育的前提,生命教育也是教育的最高追求。

近些年来,一些青少年漠视自己、他人或动物生命的案例屡有报道,深深地刺痛了我们的心。不管是自杀、校园暴力,还是残害动物,这些让人痛心的事件引起了人们的深度思考。这些天真无邪的青少年,还是花骨朵,尚未开放,就做出如此极端的事情。是什么让他们失去了对生命的敬畏、对生活的眷恋和热爱、对亲人的依恋,让本应该绽放的花蕾瞬间枯萎?

这是我们每一位家长都应该考虑的问题。

我们家长在育儿过程中,往往注重为孩子提供优越的生活条件和学习条件,注重知识的学习,极少把"生命是最重要的,是一切活动的前提"告诉孩子,教育孩子举起捍卫生命、保护心灵的钢铁盾牌,因此造成了不少孩子没输在学习知识的起跑线上,却输在了生命的起跑线上。

我曾经看过一段视频,一位失去孩子的妈妈撕心裂肺地呼喊:"孩子,只要你健健康康地活着,妈妈不要你学习,不要你练琴,你就做一个普通人,一个普通人。"但是,一切都晚了,一个人的生命只有一次,一旦逝去,就再也回不来了。

我相信,其他家长在面对这些悲剧,吸取教训时,也一定都有这样的想法。但是很多家长脸一转,就都忘记了,甚至还心存侥幸:我的孩子不会这样,我的孩子遇到困难时,一定会坚强的。可是我们广大的父母,你们凭什么有这样的自信?在对孩子的生命教育的课题上,你们做了什么呢?

为了让每一个孩子都热爱生命,茁壮成长,健康生活,我们家长应该怎么做呢?

为孩子营造一个有爱的家庭环境。家庭是孩子接触生活和社会的第一环境,是孩子成长的摇篮,孩子的一切都是从这里开始萌芽生长。在一个有爱的家庭环境中耳濡目染成长起来的孩子,一定是一个有爱的孩子。

每天问候老人,嘘寒问暖;风雨来临或季节变换时,提醒老人出门带伞或根据气候增减衣物;节假日,不忘问候一声,并送上一些表示关爱的礼品;家中最好的食物让老人先吃,最好的便利让老人先享受,形成敬老、尊老的浓厚氛围。对待晚辈也是这样,经常为他们购买玩具、学习用品,外出游玩时,经常给孩子一些惊喜,满足孩子一些小小的愿望,让孩子觉得家庭成员中每一个人都是爱他的,让家庭成为爱的港湾。

让孩子成为自然环境中的一分子。我们走出家庭,走进社区、公园和其他公共场所,就是社会的一分子。融入花草树木、小动物和小朋友们的大环境,成为他们中的一员,营造一个团结友爱、和谐共处的大自然环境。带孩子与其他小朋友一起玩耍,让孩子们之间结下深厚的友谊。带孩子走进大自然,感受花开的美丽。带孩子与小动物零距离地接触,家庭条件允许的,可以适当饲养一些小动物,在饲养过程中,让孩子和小动物建立感情,感受快乐;也可以在自家庭院里、阳台上,植一些花草、果蔬,让孩子通过劳动,品尝自己的劳动果实,与其他生命同生共乐。

让孩子经历挫折体验。孩子弱小,能力有限,靠自己无法解决所有问题。孩子面对挫折时,我们要让孩子多体验,并和孩子一起开动脑筋,借助可以借用的力量和资源一起解决问题。

让孩子培养一个爱好。其实,我们每一个人对生命的执着和眷恋,不是因为我们拥有什么,得到什么,有多少欲望,而是因为我们舍不下什么。拥有一个爱好,将是我们对这个世界喜欢的最大的理由。我们舍不得离开这个世界,每天元气满满地开始新一天的生活,因为这里有我们对这个世界的眷恋和热爱,比如我喜欢看书、写作和摄影,当我生活遇到挫折时,我就会打开一本书认真读几页,拿起笔把心情记下来,拿起相机拍摄一些美丽的照片,心就会渐渐地平静下来,一些不快和无助就会消失,至少,不会去钻牛角尖,因为手头有自己喜欢的事情,我丢不下它们。

对于孩子,我们也应该根据孩子的喜好,让他选择一个爱好,并积极鼓励和支持他坚持自己的爱好,做到极致,让其融入孩子的生活和生命全过程,成为生命中不可或缺的一部分,给孩子以后的工作、生活带来新气象。

引导孩子直面死亡。以我们身边故去的亲友、熟人为例,郑重地、认真严肃地和孩子谈一谈生命,告诫孩子要珍惜自己的生命,只有生命存在,其他一切才有可能。

(仲启新)

破茧成蝶是生命拔节的声音

生命是世界上最美丽的奇迹,每个人都有属于自己的生命之歌,这首歌承载着生命的脆弱,又承载着生命的坚韧,生命就是这样经常处在脆弱与坚韧之间。每个生命体的成长必然会面对困难、挫折、失败,必将面对风雨雷电,这是生命成长拔节所必经的。当我们勇敢地面对生命的脆弱,我们才能真正感受到生命的坚韧。儿童、青少年成长过程中的情绪特点为波动大、焦虑和抑郁高发、情绪表达和社交需求增强、自我意识和自尊心增强、对未来的不确定性的恐惧、遇事易冲动。父母只有正确认识和对待这些情绪特点,孩子才会尊重生命,不去轻易地伤害自己或他人。

一、家长要积极引导孩子认识生命的价值

1. 建立良好的家庭氛围。家长要营造良好的家庭氛围,家庭成员之间要互相尊重、理解和支持。这有助于孩子在家庭中感受到被关注和被理解,从而更好地认识生命的价值。

2. 培养生命意识。家长要通过日常生活中的点滴小事,引导孩子关注生命现象,如动植物的生长、自己的身体变化等,让他们了解生命的奇妙和宝贵。

3. 为孩子提供同理心建设机会。家长要培养孩子的同理心,让他们关注他人的感受和需要,从而更好地理解生命的多样性和共同性,认识到自己生命的价值。

4. 为孩子植入正确的价值观念。家长要向孩子传授正确的价值观,如尊重生命、珍惜时间、努力奋斗等观念,这些都有助于孩子在成长过程中形成积极向上的人生态度。

5. 帮孩子建立积极的人际关系。家长要帮助孩子建立良好的人际关系，包括与家人、老师、朋友等人的关系。这将有助于孩子在交往中感受到生命的多样性和丰富性，从而更好地认识生命的价值。

6. 为孩子成长提供自主的空间。家长要给予孩子足够的自由和空间，让他们自主思考、决策和行动。这将有助于孩子在实践中认识到自己的价值和重要性。

7. 为孩子关注社会热点做引导。家长要引导孩子关注社会热点问题和事件，如环境保护、慈善公益等，让他们了解自己的行动能够为社会作出贡献，从而认识到自己的生命价值。

帮助孩子认识到生命存在的价值。这个过程中需要家长更多地关爱和支持孩子，让他们在实践中逐渐找到自己的定位，认识到自我的价值和人生的意义。

二、家长要有效指导孩子规避影响生命安全的危险

生命无法绝对安全，危险、危机总会存在。为了帮助孩子在成长的过程中应对危险与危机，形成安全习惯，建立安全预警，做好危险与危机处理，家长需要培养孩子的自我保护意识以及出现危险与危机时的冷静应对能力。

1. 设立家庭安全规则。家长要与孩子一起制定家庭安全规则，例如，不允许随意触摸电器、不随意给陌生人开门等。这些规则可以让孩子明白哪些行为是安全的，哪些行为是被禁止的，从而帮助他们建立正确的安全意识。

2. 教授基本安全知识。家长要向孩子传授基本的安全知识,包括交通安全、防火安全、急救措施等方面的知识。例如,教导孩子过马路时要走人行横道、不要玩火以及如何正确使用急救药品等。这些知识可以帮助孩子在遇到危险时采取正确的措施,避免发生意外。

3. 了解孩子周围环境。家长要对孩子的周围环境有所了解,以便在必要时采取相应的措施。例如,了解孩子经常活动的区域、场所的安全情况以及附近是否存在危险因素等。如果发现有安全隐患,家长应及时与相关人员进行沟通并解决。此外,家长还可以带孩子参加各种安全教育展览或活动,让他们了解更多的安全知识和技能。在与孩子的日常交流中,家长可以随时提醒他们关注周围环境中的不安全因素,并教育他们如何避免这些不安全因素。例如,在公园玩耍时不要离开父母视线范围,不随便捡拾陌生人的物品等。

4. 与孩子保持沟通。家长应该与孩子保持良好的沟通,时刻关注他们的情绪和行为变化,通过沟通了解孩子在成长过程中遇到的问题和困惑,并给予及时的帮助和支持,让孩子知道父母永远是他们最坚实的后盾。

5. 监督孩子各种活动。家长要时刻监督孩子的活动,确保他们在安全的环境下玩耍和学习。特别是对于年龄较小的孩子,家长更应该加强监督,防止他们发生意外。例如,监督孩子的户外活动,确保他们不在马路上玩耍、不随意攀爬等。

6. 正确使用电子产品。科技产品的普及给人们的生活带来了便利,但也存在一定的安全隐患。家长应该引导孩子正确使用科技产品,避免沉迷其中。例如,规定孩子使用电脑的时间,不允许他们在无人陪伴的情况下使用手机等。此外,家长还可以教导孩子如何避免网络诈骗和保护个人隐私。

7. 培养孩子自我保护意识。家长要注重培养孩子的自我保护意识,让他们学会独立思考和解决问题,在遇到危险情况时,能够进行自我保护或者向他人寻求帮助。家长要告诉孩子不随意接受陌生人的礼物和不轻信网络上的信息等;要教育他们如何防范性侵害及如何在遭遇不法侵害时采取正当防卫措施。拥有这些自我保护意识,能够增强孩子的自我保护能力,帮助孩子避免不必要的伤害。

8. 出现危险时冷静应对。当出现危险和紧急情况时,家长要冷静应对,指导孩子学会冷静分析情况,采取正确的措施应对。例如,遇到火灾时,告诉孩子要保持冷静,迅速拨打火警电话,并按照正确的方法灭火,同时撤离到安全地带,等待救援。遇到突发疾病时,要立即拨打急救电话,并向医生详细描述病情,以便得到及时救治。在应对危险情况时,需要注意避免惊慌失措而造成更严重的后果,更要教会孩子如何在紧急情况下与家人保持联系,并及时向相关人员寻求帮助。

家长朋友们,我们肩负着孩子健康成长的职责和保障孩子生命安全的重任。日常生活中,我们必须时刻关注孩子的安全问题。家庭与学校、社会共同努力,才能创造一个更积极、安全、和谐的成长环境,保障儿童、青少年健康、茁壮地成长。

(徐万田)

第 2 章　家教论坛

家风熏陶家教

"忠厚传家久,诗书继世长。"在传统社会,这是中国大多数家庭、家族推崇的经典家训、家风。中国历来有重视家训、家风的传统。特别是家训,常常以对联的形式出现于居处的门厅中,以对家人、后代的心灵进行潜移默化的启迪、规范、教化、引导和塑造。

在我们国家,"家风"本来是一个妇孺皆知、耳熟能详的词语,今天,却是久违了。很多的年轻人,竟然不知道何为"家风"。很长一段时间以来,人们谈得最多的,不是"家风"好不好,而是"家产"多不多。各种媒体上几乎天天都在鼓噪各行各业人员的"收入排行榜",诸如企业家、演艺人员、作家等的"收入排行榜"。给人的感觉似乎是,在今天的中国,全社会各行各业,所有的人,共同的价值取向、唯一追求、事业成功的唯一标准,就是金钱。"家产"越多就越光荣,越体面,追捧的人就越多,幸福感就越强烈,家庭就越兴旺发达。其实,家人的幸福感,跟"家产"多少并不完全成正比。家产越多,有时家庭矛盾反而越多,家庭的麻烦就越多。被家庭问题闹得焦头烂额的富人,家庭解体的,比比皆是,屡见不鲜。如此不堪,何谈幸福感?何谈后代健康成长,家庭兴旺发达?

我们中国人向来十分重视"家风"建设和维护。世世代代的家族成员,为建设优良家风都在兢兢业业地努力。为严格地坚守优良家风而严于律己;为严肃地维护优良家风而时时刻刻检点自己的言行举止,不允许任何家庭成员随意违背、破坏,不允许任何家庭成员给家族抹黑,这是中华民族的优良传统。在中国传统社会,称赞某人,常常是夸赞其"有家风""能守家风""克绍家风""大振家风""不坠家风""不殒家风"等;批评某个人,则说其"有玷家风""败坏家风""家风渐替"等。比如苏辙的孙子、苏轼的侄孙苏籀,传承家族文学基因,诗文也颇有可观。《四库全书总目提要》称他的《双溪集》"不堕其家风"。不过,他的《双溪集》中能找到不止一篇阿谀秦桧、倡言"和金"的文章。《四库全书总目提要》的结论是:苏籀"有愧于乃祖实多"。这就是说,在政治方面,苏籀是"有玷苏氏家风"的。

三十年前,我开始研究家庭教育思想史的时候,曾认为中国古人家规是太过"严酷",对违背家规的家庭成员是太"残忍",缺乏人情味儿了。其实不是的。中国传统的家庭对家风的态度是非常严肃的,对家风是不允许违背的,违背的人,就要受到家法的严惩。比如电视剧《大宅门》中的七爷把他儿子的腿给打断,就是因为儿子要卖国求荣,直接违背、破坏了七爷家族很多代人建设的热爱祖国的优良家风。过去家规的严格正是为了维护家风的权威和严肃性。

一个国家,只重视物质文明建设,不重视精神文明建设,是没有远见卓识的,这样的国家不会兴旺发达。同样的道理,一个家庭只重视"家产"的积累,而不重视优良家风的建

设,同样也是没有远见卓识的。这样下去,儿孙不会健康成长,家庭也不会兴旺发达。人们常说,富不过三代。这话有一定道理,但不是绝对的。只重视"家产"的积累,而不重视优良家风建设的家庭,的确是"富不过三代",迟早会败落。这样的现象屡见不鲜。而那些既重视"家产"的积累,又重视优良家风建设的家庭,会世世代代兴旺发达,经久不衰。这样的典型不胜枚举。比如东汉政治家杨震为官清正廉洁,从不接受别人的私自请托。其子孙们常常吃素食,出门也是步行。有人劝他为子孙置办一些产业,杨震不肯。他说:"让后代人说他们是清官的子孙,把这个留给他们,不也是很丰厚的吗?"杨震清廉自律,给后代树立了榜样。史书称"自震至彪,四世太尉,德业相继",其子、孙、曾孙都做过太尉,被称为"一门四太尉"。

当前,很多年轻父母重视孩子的教育,却只是注重搜寻管教孩子的"绝招""秘诀"。很少有人首先重视优良家风的建设,给孩子创造一个优良的家庭生态环境。这是一个很大的偏差。加强家风建设,是我们做好家庭教育的重要任务。

(赵忠心)

家长要关注孩子的思维品质

当孩子的学习成绩达到一定层次以后,要想进一步提高学业水平,就不是仅仅靠勤奋可以解决的了。家长要教孩子学会思考,努力提升孩子的思维品质,改善其学习方法。

心理学家指出,我们在学习、生活中遇到问题时,总要想一想,这种"想"就是思维,它是对问题进行分析、综合、概括、抽象、比较和系统化的一系列过程,这个方面的能力就是思维能力。无论是孩子的学习,还是一切发明创造,都离不开思维。思维能力是学习能力的核心,也是一个人智慧的核心。提升孩子的思维品质,就是要提升孩子这个方面的能力。

思维能力看上去很抽象,很神秘,但它却实实在在地表现在孩子的语言和行为上,无论对孩子的学习、生活,还是对其将来的工作,都起着非常重要的作用。因此,培养孩子的核心应该是着力培养其思维能力。

一、做事有条理,学习就会有条理

在思维活动中,思维要保持清晰,只有思维清晰才能有效思考。因此,培养孩子思维的条理性十分重要。

思维的条理性要从生活中开始训练,生活有条理,学习就会有条理,反之亦然。在生活中,我们可以从书包的整理和书本、文具的摆放做起,房间的收拾、衣物的整理、小书桌的整理、生活物品的摆放等各个方面都要做到井井有条。有一位科学家曾说过,哪怕他再忙,也要把办公桌整理好。这不失为一条"成功秘诀"。

在学习方面同样要做到有条有理,对知识进行系统性掌握。解题时首先要善于理出解题思路,使思路清晰、灵活,还要学会对某一章、某一节的知识进行归纳整理,形成笔记。思维的系统性能帮助孩子建构知识之树,从而使孩子考虑任何问题时,都能从知识结构的整体出发,准确定位,处理好整体和局部的关系。这种系统的思维,可以使孩子更加理智、理性地从系统的高度学习新知识。

孩子的行为是思维的反映,同时,优良的思维也会调整孩子的行为。思维有了条理,孩子才会学会安排学习,归纳学习方法,总结学习情况,做到时时、天天、周周有计划,理清学习头绪。

二、要"知其然",更要"知其所以然"

在思考和进行知识建构的过程中,孩子思维的深刻性会得到强化。我们要设法使孩子学会追根究底,能深一层次地思考问题,不但要"知其然",更要"知其所以然"。比如说,思考"胡说八道"说的是哪"八道";思考"三教九流"说的是哪"三教"、哪"九流";思考"六亲不认"说的是哪"六亲";等等。鼓励孩子追根究底,凡事都要去问个为什么,从熟知的事物中发现问题,坚决摈弃死记硬背。苹果为什么落地?谁都不去问,牛顿问了,问出了一个大问题,从而发现了"万有引力"定律。再比如,俗话说"春雨贵如油",为什么?你去问老农,他会告诉你,一是因为春天雨水非常稀少,二是因为春天庄稼特别需要雨水。你再想想可以知道,最根本的原因其实是,华北地区春季气温回升快,风天多、蒸发强烈,易形成干旱;且夏季风尚停留在岭南一带,雨季未到。让孩子随时记下自己的问题、思考与发现,一定会培养孩子的问题意识与探究意识。

平时我们也可以进行这方面的训练,比如与孩子讨论,班级在某一次比赛中获得优胜奖时,大家都做了些什么。在这个基础上,再深一层次地考虑班级为什么会取得这个成绩,进行理性归纳,从现象到抽象,训练孩子的抽象思维和概括能力。

三、打开孩子的思路

有些孩子思路比较狭窄,只会按照一个思路去思考,这时就要进行思维广度训练,从不同的角度、方向、方面,按照不同的方法来思考和解决问题,触类旁通。

我们可以就一个问题与孩子讨论,从不同的角度展开思维的空间,如作文的选材要兼顾校园内外,要考虑古今中外,涉及家庭、学校、社会,看问题要看到事情的正面、反面与侧面,鼓励孩子用求异思维看问题,打开孩子的思路。

同时,要有意识地和孩子讨论思考问题的不同方法。如《司马光砸缸》这个故事里,小孩掉进水里,把人从水中救起是使人脱离水,而司马光救人是打破缸而使水脱离人。生活中,人上楼梯是人走梯,而电梯是梯走人不动。我们可以通过讨论类似问题,从而培养孩子的逆向思维。

思维的广度表现为思维视野广阔,思维呈现出多维发散状。我们可以通过"一题多解""一事多写""一物多用"等方式,培养孩子的发散思维能力。心理学家认为,发散思维是创造性思维的最主要的特点,是测定创造力的主要标志之一。

四、提升学习品质

要鼓励孩子经常对自己的学习情况进行反思与总结。比如我们常说的"粗心"问题。考试成绩出来,经常有学生感叹"这个题目怎么错了""我都会,就是粗心了"。听到这样的话,家长也就放心了。可到了下一次,孩子还是避免不了各种粗心造成的错误。其实,粗心问题的本质是能力和习惯问题。所谓粗心,其问题是孩子在学习上各种能力的不足。运算错了,是运算能力有问题;理解上出现偏差,是理解能力不强;考虑问题不周全,是思维不严密;表达上出纰漏,是表达能力的问题。这些问题不能用"粗心"一词简单概括。

在很多情况下出错,还因为运算时注意力不集中,专注力不够。在学习与解决问题中,保持专注力也是一种能力,这种能力需要在日常自我训练中养成。孩子要有针对性地弥补能力的短板,并以认真的态度,聚精会神地去做每一件事。这种高度专注、全力以赴的品质是一种非常重要的学习品质,是能力提升的基础,能够形成学习的良性循环。

当然,思维能力的敏捷性、灵活性,以及分析能力、记忆能力都非常重要,我们家长也要予以关注。同时,优良的思维品质仍然离不开勤奋努力,比如,对知识的理解与反复记忆背诵,对新知识的预习和对旧知识的复习,反复地练习与实践,使用错题集、知识归纳本,都是必不可少的。同时,抓住老师讲授的要点,多做题,多练习,也是很好的方法。除了勤奋,没有随随便便的成功!

(房元品)

让孩子学会接受生活中的不如意

在平时教学工作中,我很为孩子们树立的远大目标而感动,很为家长们对孩子们的期待而感动。但我经常提醒家长,我们在想方设法让孩子追求成功的时候,千万不要忘了,要让孩子学会接受生活中的不如意。很多时候,让孩子学会接受生活中的不如意,要比让孩子追求成功更加重要。

俗话说:"不如意事常八九。"大家如果细心问一下周围的朋友,看一看他们对自己的现状满意吗,这时就会发现,有很多人对自己的现状不满意。为什么社会上有许多的抱怨声?一个重要原因就是他们对自己的现状不满意。如果我们问一下自己对现状满意吗,我们一定也会有很多的不满意。可以这样讲,在我们的一生中,不如意的事情常常跟随着我们。如果我们不能调整自己的心态,不能走出不如意的阴影,那我们就会常常处在失落之中,从而影响我们的发展,更影响我们的生活。对家长来讲,我们不仅要让孩子保持积极向上的进取精神,还要让孩子了解到生活中会有许多的不如意,更要让孩子学会接受生活中的不如意,学会从不如意中走出来,从而走向新的成功。

在平时与学生的交流中,我真的为很多孩子担心。有的孩子成绩一直不理想,但这些孩子很少会从自己的基础、自己的能力、自己的努力上去找原因,他们往往认为自己可以考得很好,自己应该考得好,只是没有发挥好,下一次就会好

了。这时我会提醒孩子：凭什么你认为自己的成绩应该好？事实上，在我看来，这些孩子的成绩与他们的实际是符合的，这样的成绩对他们来讲已经很好了，只是他们不能接受自己成绩的不理想。每一次带高三，我让孩子制定高考目标时，都会提醒孩子制定目标要理性，要符合实际。当一些孩子的高考目标制定后，我都会对这些孩子的努力目标而感到惊讶，要知道，许多孩子的目标太高了，根本无法达到。当我委婉地提醒他们改变目标时，这些孩子会很生气，说我瞧不起他们。事实上，高考结束后，这些孩子很少有人能够实现自己制定的目标。其实，在我看来，他们最后的高考结果与他们的实力是相符的，只是他们不愿意接受自己的高考结果。

我发现，现在的孩子心理问题越来越多，有的孩子心理问题很严重，甚至影响了他们的学习、生活。为什么孩子的心理问题越来越多？一个重要的原因，就是孩子不能接受生活中的不如意，对自己的期待太高。我常提醒学生，要学会理解他人，要学会与人相处。我们不能以自己的习惯去要求他人，不要在意别人对自己的看法。我提醒孩子，要理性地为自己的成绩定位，班级总有倒数第一名，只要自己认真努力了就行。

人生有喜也有悲，有快乐也有痛苦。让孩子学会接受生活中的不如意，对孩子来讲是一件十分重要的事情，也是我们家长一个十分重要的任务。

（周建洋）

孩子叛逆,家长如何应对?

前些天看到了一个视频,让人很震惊。视频中,一个6岁的孩子和妈妈一起逛街,孩子在大街上看中了一个比较贵的玩具,于是哭闹着要求妈妈为自己买那个玩具。妈妈责怪孩子见什么要什么,并以购买那个玩具没意义为由拒绝了孩子。这个孩子先是拉着妈妈的手哭闹,后见妈妈不愿意给自己买,就脸色一变,狠狠地打了妈妈一巴掌后再问:"你到底买不买?"妈妈无语,生气欲走时,孩子又一把掐住正蹲在地上和自己沟通的妈妈的咽喉……而被打的这位妈妈自始至终没有一句强硬的话,只有满眼的无奈和辛酸,似乎对孩子已无计可施。此时,旁观的一位大叔及时站出来阻止了孩子对妈妈的暴力行为。大叔本想教育孩子两句,谁知刚刚还被欺负的妈妈居然挡在孩子面前:"不要你管,你不要吓到我的孩子……"见妈妈此时的态度,孩子改变策略,语气变软,依然不依不饶地要求妈妈买玩具。

其实,这样的"熊孩子"并不是个例,在网上随便一搜,学龄前叛逆的孩子扯母亲头发、飞踹家中老人的例子并不少。是什么样的成长环境,让学龄前孩子变成了这副模样?如何面对学龄前叛逆的孩子,是一个摆在很多家长面前的严肃课题。

孩子是国家的希望,更是一个家庭的希望。对于未成年的孩子,我们一直以来都奉行特殊保护、优先保护的策略。如今,很多家长对待孩子的态度更是"捧在手心怕摔,放在嘴里怕化",生怕自己的孩子受到一点点委屈。以往"棍棒底下出孝子"的教育方式似乎早就被弃之如敝履了。然而,过度宠溺孩子,对孩子成长过程中的问题听之任之,不是对孩子负责,而是会给孩子的未来蒙上一层厚厚的阴影。那么,家长应如何应对叛逆的孩子呢?不妨从以下几方面着手试试看:

第一,要教会孩子正确地处理情绪。如果孩子的需求没有得到满足,他就会哭闹,产生各种情绪。很多家长心里明白,对于孩子的要求应该适当满足。如果孩子的要求明显超出了日常承受范围,或者这种需求明显不当,家长不能或不愿意满足时,孩子有了情绪怎么办?家长应该如何去面对和安抚孩子的这种情绪?

日常生活中,面对因需求不能被满足而产生情绪的孩子,此时父母应该严肃而明确地告诉他:"你可以生气,可以哭,但你不能伤害自己,更不能伤害别人。如果你生气了很难受,你可以适当保持沉默,也可以适当宣泄。"父母应主动帮助孩子找到可以发泄的方式,让孩子的情绪得以宣泄。家长这样做,不仅关注了孩子的情绪,也让孩子觉得父母理解他,还教会了孩子宣泄情绪的合理方式,让孩子学会了控制自己的情绪。

第二,要教会孩子建立规则意识。无限制地满足孩子的需求,只会让孩子觉得自己无所不能,慢慢成长为一个无法长大的"巨婴"。一个两三岁的孩子,正处于成长的敏感期。当需求没有得到满足时,他们会表现得非常倔强,可能会耍赖,甚至打人。妈妈尝试拒绝孩子,但看到孩子哭闹时往往会心软下来,于是便违心地满足孩子的不合理要求。孩子尝到了甜头,下一次就会采用同样的方式让妈妈妥协。有的家长认为孩子小,不懂事,其实恰恰相反,孩子两三岁的时候正是帮助他们建立规则意识的关键时期。

帮助孩子建立规则意识,不仅要教会孩子早晨要按时起床,吃饭前要洗手,与人交往时主动打招呼等;更要让孩子理解这个社会运行的底层逻辑,对于自己想要的东西,一味撒娇耍横并不是达成目的的唯一手段,只有学会沟通、能够正确表达自己的诉求才是接近自己想要的东西的最佳路径。如果家长在孩子两三岁时不给他们立规矩,孩子6岁后再想规范他们的行为就相当困难了,所以教育孩子要趁早。

第三,要把握好教育孩子的分寸。对孩子的教育过于宠溺或者过于严厉,都会造成极其不利的影响。过于宠溺孩子的话,孩子在未来生活中会越来越不相信自己,在父母的庇佑下碌碌无为;过于严厉的话,孩子大了,就会很叛逆,随时想要挑战父母以及社会的权威。

心理学上说:"童年的阴影需要一生来治愈。"教育孩子时如何把握好度,是一个很难具体把握的问题。但是,父母之间的密切配合是能够解决这个问题的,比如孩子有不当行为时,父亲主动站出来,严厉指出孩子的不当之处。事后母亲可以向孩子言明,父亲之所以严厉的深层考虑,既让孩子知道是非对错,又让孩子明白父母对其"爱之深,责之切"的根本考量。"慈母严父"或"慈父严母"的明确分工,能够避免教育孩子时从一个极端走向另一个极端,前提是父母之间必须达成一致,默契配合。

柏拉图曾说:"一个人从小所受的教育把他往哪里引导,就能决定他后来往哪里走。"教育孩子再好的方式也比不上父母的身体力行。如果希望自己的孩子将来成为什么样的人,作为家长的我们就应该在生活点滴中随时以身示范。这种潜移默化的影响,胜过千言万语和一切技巧方法。愿我们都能成为孩子一生的榜样和力量之源。

(沙瑞新　陈　浩)

第3章 学法崇德

守护未成年人网络环境，父母都能做些啥？

通过网络进行学习、社交、休闲娱乐……与20世纪八九十年代孩子成长的环境不同，当下，未成年人的学习、生活的方方面面都离不开网络。2024年1月1日起，《未成年人网络保护条例》(以下简称《条例》)正式实施，这也是我国首部专门性的未成年人网络保护综合立法。随着《条例》的实施，父母在其中应该扮演什么样的角色？应该有哪些作为？

《条例》明确，在未成年人网络保护中，家长应提高自身网络素养，规范自身使用网络的行为；加强对未成年人使用网络行为的教育、示范、引导和监督；关注未成年人上网情况以及相关生理状况、心理状况、行为习惯……《条例》通过网络素养促进、个人信息网络保护、网络沉迷防治三个方面，对家庭中该如何守护未成年人网络环境作了细致规范和指导。

现实生活中，网络对于当下这一代未成年人，就如同笔者儿时跳皮筋、掷沙包一样，是一种正常的生活娱乐需求，父母们无须"谈网色变"，想要切断孩子和网络的联系更是不切实际。一项网络调查数据显示，近六成学生上网的第一目的是娱乐，其次是社交。只有28%的学生表示，上网最主要是为了学习。刷短视频成了最吸引未成年人的娱乐方式,占比43%;其次是玩游戏,占比36%。面对网络上的"花花世界",未成年人很难把控得住自己。调查显示,75%的孩子平均每天上网时间超过1小时,超42%的孩子平均每天上网时间为2至4小时。

笔者认为,作为家长,在守护未成年人网络环境方面,我们应该从以下几个方面发力。

规范未成年人的上网行为。目前,未成年人的上网行为大致分为两类:一类是学习,另一类是玩游戏、社交等。在通过网络学习时,家长应协助未成年人,一起学习网络知识,提高孩子获取知识的学习能力,在学习中与孩子沟通交流,共同提高网络素养。除了满足未成年人正常的学习任务外,家长应和孩子共同协商约定每天上网玩游戏、社交的时间范围等,并共同遵守,在潜移默化中,让孩子养成良好的上网习惯。

做好适时科普。网络信息错综复杂,未成年人的辨别能力还有待提高。作为家长,我们应给孩子普及相关的科普知识,提醒孩子不要随意下载来源不明的APP,一定要保护好个人的隐私信息。在完成相关支付行为前,一定要告知家长,并在家长的引导之下完成相关商品的购买。此外,在上网过程中,家长要向孩子明确,网络并非法外之地,应做到不造谣、不信谣、不传谣,不能进行网络欺凌,网络行为和现实行为要保持一致。只有警钟长鸣,才能进一步确保孩子的上网安全。

加强与孩子的沟通,密切关注孩子的上网行为。平时,要加强与孩子的沟通,多去了解孩子的上网目的,多去观察孩子的上网行为,了解孩子真正的上网需求。家长可以和孩子经常交换对一些网络事件的看法和观点,帮助孩子树立正确的价值导向。

树立良好榜样。在日常网络生活中,家长自身要规范好自己的行为,杜绝浏览低级趣味的内容,在孩子面前以身作则,树立良好的榜样。同时,对孩子一些不好的上网习惯和兴趣要分别加以纠正和约束,通过适时引导,帮助孩子健康成长。

(凌　轩)

珍爱生命,向交通违法行为说"不"!

不论是在城市的道路还是在乡村的道路上,时常会看到这样的一幕幕情景:有的孩子骑着电动车或自行车在路上疾驶,有的孩子不看红绿灯横穿马路,有的孩子在路上打闹玩耍…… 随着社会的快速发展,这些年,路上的车辆越来越多,交通安全就变得尤为重要。一些未成年人由于珍爱生命意识不强,交通法律法规知识缺乏,常常发生交通事故。

不久前,《淮海晚报》刊发了一篇很有警示性的稿件,讲的是一段时间以来,在苏北某市市区道路上,发生了多起未成年人骑车发生车祸的案例。

一名女孩将电动自行车从马路牙上推到非机动车道时,由于操作失误,车辆瞬间加速,直接拖着女孩向前冲去并在路口左转,径直撞上一辆直行的黑色轿车。撞击后,轿车从女孩的肩部压了过去。万幸的是,事发时黑色轿车速度不快,虽然从女孩肩部碾压过去,但没有伤及要害。女孩因事故导致颅内出血、肩部骨折,但没有生命危险。据了解,女孩2012年出生,还未满12周岁。交警认为,该起事故中,女孩未满16周岁便驾驶电动自行车在道路上行驶且操作不当是造成该事故的直接原因,由于其行为违反多项交通法规,女孩负事故的全部责任,机动车驾驶人无责任。

何某驾驶小型汽车沿南苑路由西向东行驶至南苑新村门口路段时,与横穿道路、未戴头盔的14周岁羊某驾驶的电动自行车发生碰撞,造成双方车辆损坏、羊某受伤。事故造成羊某头部出现轻微脑震荡,并且身体多处有擦伤。

靠近经开区轮窑新村小区正门的大路人行道上,中学生小强骑电动自行车撞倒一名骑自行车的老人,骑车的老人受到撞击失去平衡,连人带车摔倒在地起不了身。这时,意识到闯祸的小强赶紧把电动自行车停靠在路边,被吓坏了的他不知所措。5分钟后,交警赶到现场。老人被送往医院治疗。交警询问得知,小强今年才15周岁。

《中华人民共和国道路交通安全法实施条例》(以下简称《道路交通安全法》)第七十二条明确规定,驾驶电动自行车必须年满16周岁。因为未满16周岁的孩子生理和心理还未发育成熟,交通安全意识薄弱,交通行为随意性大,预测和规避道路交通风险的能力相对较弱,违规驾驶非机动车或机动车容易发生事故。同时,未满12周岁的孩子不得骑自行车上路,未满18周岁的孩子不得驾驶机动车。

其实,不仅仅是未成年人骑车上路频频发生交通事故,闯红灯、横穿马路、在道路上玩耍等,也都是交通事故高发的因素。

我看到过这样两起案例:不久前,一男孩蹲在路上玩耍时,被一辆转弯的轿车撞倒并碾压,司机迅速拨打了120,但男孩最终因抢救无效死亡;一女孩在横穿马路时突然掉头折返,此时恰好有一辆轿车经过,女孩瞬间被撞出数米远,脸部着地,趴在地上没了动静。

……

据统计,在我国,每年有上万名儿童因交通事故死亡。这是一个令人触目惊心的事实,也是一个不容忽视的社会问题。

生命是美好的,也是脆弱的。要加强对孩子珍爱生命的教育,首先要向交通违法行为说"不"。增强孩子的交通法律法规意识,让他们时刻记住"安全"一词,做文明出行的守法者,这不仅仅是学校的责任,更是家庭的责任。

家庭交通安全教育是保护家庭成员生命安全的重要一环。作为家长,作为孩子的"第一任老师",我们珍爱生命最好的保障就是时刻记住"安全",而交通安全是其中最重要的一环。广大家长在日常生活中应不断加强对孩子的交通安全教育。家长要严格规范自身言行,正确引导孩子学习交通法律法规知识,增强自觉遵守交通法律法规的意识,降低遭受交通事故的风险。家长对安全隐患认知的多少,对交通法律法规掌握的多少,很大程度上决定了孩子安全系数的高低。

作为成年人,我们每一个人都要做孩子的榜样,要以身作则,做一个遵章守法的人。我们应该认真学习《道路交通安全法》,提升自身交通安全意识,用法律规范纠正自己的交通行为,从而给孩子一个正确的引导,让孩子切实做到"知危险,会避险"。唯有家庭、学校和社会共同努力,才能确保孩子们在一个安全、守法的环境中成长,才能营造一个安全、文明出行的良好氛围。

珍爱生命,留住幸福,让我们牢记"安全出行四字诗":

红灯止步,绿灯快走;
细观路况,右侧通行;
穿行马路,走横道线;
交通标志,熟记于心;
雨雾天气,避让车辆;
十字路口,万分谨慎。

(晓 华)

第4章 家教故事

"我是光荣的升旗手"

孙子所在的幼儿园每周都举行隆重的升国旗仪式。幼儿园的做法非常可取,从小对孩子进行爱国主义教育,立德树人,从娃娃抓起,得到家长的广泛好评。

10月的一个星期五晚上,孙子回家高兴地说:"告诉大家一个好消息,下周我要成为升旗手了!"全家人为之高兴。他妈妈问:"老师有什么要求吗?"孙子说:"有啊,升旗后要做一个自我介绍。"

于是,大家问他准备怎么介绍。孙子眨巴眨巴眼睛说:"我是中一班的周子杰,是今天的升旗手!"

我想,孙子第一次作为升旗手,我应该对他进行一次爱国主义教育,利用这个契机,让他从小对国旗充满敬意,为自己成为光荣的升旗手而感到骄傲和自豪。

于是,我问孙子:"中国的小朋友有一个共同的名字,你知道叫什么吗?"孙子左思右想,没有想出来。他妈妈引导他说,叫"中国——"。经过引导,孙子说:"中国娃!"我说:"对的。升旗是代表全体小朋友的,所以你介绍时可以说自己是中国娃。"

听了大家的话,孙子说:"我是中一班的周子杰,我是中国娃,是今天的升旗手。"我说,不能只讲自己是升旗手,还要说一说自己想对祖国表达什么。在大家的引导下,孙子懂得了我的意图,想了想说:"我爱祖国。"接着又补充道:"祝福祖国繁荣昌盛。"

我问孙子:"作为升旗手,你自己高兴吗?"孙子毫不犹豫地说:"非常高兴。"于是,我让孙子把这种心情也表达出来。

这样,在我的引导下,形成了一段孙子第一次作为升旗手的自我介绍文字:"我是中国娃,我爱我的祖国!今天,我是光荣的升旗手,我祝愿我的祖国繁荣昌盛!"

虽是简单的一段话,但为了把它说好,让孙子记住这个光荣的日子,我叫孙子一句一句地诵读,直到非常熟练地诵读出来。当然,我还教育孙子明白为什么要升国旗,升国旗时我们要做什么,怎样从小爱护国旗。

双休日里,孙子为了下周一升旗时精彩的自我介绍,主动地一次又一次复习,一次又一次诵读:"我是中国娃,我爱我的祖国!今天,我是光荣的升旗手,我祝愿我的祖国繁荣昌盛!"

星期一的上午,孙子幼儿园如期举行了升旗仪式。升旗仪式后,孙子洪亮地进行自我介绍:"我是中国娃,我爱我的祖国!今天,我是光荣的升旗手,我祝福我的祖国繁荣昌盛!谢谢大家!"孙子简短的自我介绍,博得小伙伴及老师的热烈掌声。

我想,通过孙子第一次成为升旗手这件事,对孙子进行爱祖国、爱护国旗的教育,同时锻炼他的朗诵能力、语言表达能力、交际能力,有益于他的健康成长。

(周祝君)

第5章 学前教育

培养幼儿延迟满足的能力

延迟满足能力,是指一种甘愿为更有价值的长远结果而放弃即时满足的抉择取向,以及在等待期间表现出的自我控制能力。具有延迟满足能力是一种心理成熟的表现,是我们能够成熟自如地驾驭生活,不断获取学业、事业成功所必需的能力。心理学研究还发现,由幼儿时期的延迟满足能力可以预知上小学、中学、大学时期的认知和社交能力。延迟满足能力强的孩子,更机智灵活,更善于合作,更讲道理。相反,延迟满足能力弱的孩子,则更爱冲动,更爱生气,攻击性强,难以接受挫折。

然而,延迟满足的能力并不是某一种单一的能力,而是包含了许多其他能力的一种综合能力。如专注力,可以使幼儿能在自己感兴趣的事情上集中注意力,而不至于频繁转移到新的需求上。当一个孩子正在全神贯注地搭积木时,爸爸喊他去踢球,他可能会无动于衷,像没听到一样。然而,这么珍贵的专注力却常常被家长误以为是不听话或磨蹭。

再如控制力或者自制力。幼儿随着年龄增长,大脑的兴奋和抑制过程进一步加强,越来越能够控制自己的行为。但研究发现,负责专注和控制的大脑额叶实现完全髓鞘化要到青春期甚至20多岁。所以,对于幼儿来说,他们正处于可以学习控制但还不能很好控制的时期,这个时期也是培养延迟满足能力的最佳时期。美国斯坦福大学心理学家沃尔特·米歇尔博士曾针对幼儿的自我控制能力做过一个著名的糖果实验,该实验选出几十名4岁左右的孩子,给每人发一粒棉花糖,实验人员离开时告诉孩子可以选择吃,也可以选择不吃,等他回来时,孩子如果没有吃,那么就会再得到一粒棉花糖。结果只有三分之一的小朋友坚持下来没吃,最终再得到了一粒糖。该研究对参加实验的孩子继续追踪了12~14年,发现当时那些坚持下来的孩子的数学、语文的成绩要比没有坚持下来的孩子平均高出20分,参加工作后能更好应对挫折和压力,更具有责任心和自信心,更容易赢得他人的信任。而那些没坚持下来的孩子,成年后则更容易表现得优柔寡断、压抑、退缩、逃避等。

再比如抗挫力。每个人都有成功的需要,都有享受快乐的需要,但是在我们做事情的过程中,遭遇困难和失败就意味着我们不能够及时获得回报和奖赏。这时,抗挫力会帮助我们依然能够积极地投入到解决问题的过程中,而不是发脾气或放弃。有不少家长反映孩子的好胜心太强,下棋输了要哭,跑步比别的小朋友慢了要哭,得表扬比别的小朋友少了要哭,玩玩具遇到问题也哭。那么,这也自然涉及另外一项密切相关的能力,即情绪管理能力。

幼儿在等待的过程中,在无法满足需要或遇到困难的时候,难免会产生激动、生气、沮丧、急切甚至害怕的情绪,同时就会产生冲动行为。如果能够做好情绪的自我管理,延迟满足的能力自然就会强。对此,家里有二宝的家长一定感受强烈。比如妈妈这边正在陪二宝睡觉,结果大宝过来让妈妈给他讲故事。妈妈说等弟弟睡着就去给他讲。有的大宝能控制好情绪，做到延迟满足，耐心地等妈妈；但有的大宝就不能等，不但不能等，还哇哇大哭，甚至动手打二宝。诸如此类的情境轮番上演，使我们意识到，对家有二宝的家庭而言，培养孩子延迟满足的能力对于孩子之间的相处和冲突解决有着重要的意义。

可见，延迟满足能力是一种需要多种能力协同配合的综合能力，而且会随着年龄的增长而不断增强，对我们的人格发展具有深远的影响。那么，家长该如何培养孩子延迟满足的能力呢？

一、要辨析孩子的需要和情境，不要把延迟满足当成忽视和对爱的剥夺

有些家长一听说延迟满足能磨炼孩子的性子，就刻意忽视孩子，对于孩子正当的需求也不及时回应和满足，这反而不利于孩子的身心健康。家长首先应该清楚孩子的需要是什么。孩子有独处的需要、权利的需要、所有权的需要、关注的需要、成功与挑战的需要、安全的需要、爱与接纳的需要。当他们的需要是正当且急迫的，那我们是要给予尊重和回应的。比如他心爱的玩具坏了，他正感到伤心，想要得到妈妈的安慰；他画了一幅画，想让爸爸看看，和爸爸一起分享。这些都是非常正当的需要，此时家长的及时回应能让他们得到安抚，得到鼓励，是很有意义的。如果刻意地忽视或者拖延，反而会让孩子感觉很沮丧，缺乏信心，失去发展的最好机会。而如果孩子的需要是没完没了地看手机、看电视，吃过量的零食，索要过多的物品，不遵守规则去争抢玩具等，那么这时候家长就需要启动延迟满足的策略了。

二、制订好的计划,可以有效地支持延迟满足

大家有没有发现,当我们无所事事、没什么目标、行为随意的时候,越容易想要满足当下的需要,寻求当下的快感?制订好计划,做好安排,心中有了目标,就会减少这种盲目随意性,就会为自我控制和自我管理提供理性的参考。成人如此,孩子也是一样的。在孩子表示想要做一件事的时候,家长要抓住时机表示对孩子的想法很感兴趣,很愿意和他一起讨论这件事情将要如何做,做到什么程度。比如当孩子说要玩积木,家长可以进一步引导孩子思考要怎么玩、搭建什么、怎么搭建、玩多长时间等。比如说,当孩子要画一幅画,家长可以和孩子一起讨论想要画什么、用什么材料等。这些计划能帮助孩子进一步明确他的意图和想法,不仅有利于思维的发展,还能增强他的责任感和任务意识,从而使他更专注,更有控制力。

做好关于一件事情的计划很重要,做好一系列活动的安排更重要,就像幼儿园有一日生活内容的安排一样,孩子在家里也需要明确每件事、每个活动的顺序,这样就会减少他的随意性,帮他养成做完一件事再做另一件事的习惯,从而增强他延迟满足的能力。

三、减少命令性语言,给孩子自主选择的空间,从而让其做到延迟满足

家长们一定很容易理解,越是在溺爱中长大的孩子,越不容易培养延迟满足的能力,因为在溺爱中,孩子总是在第一时间就能得到满足,被过度的关爱和保护淹没,从而会变得脾气暴躁、任性、缺乏忍耐力和责任心。那么,是不是在专制中长大的孩子,就会有很好的自制力呢?

专制的父母总是以命令或指责的方式要求孩子服从家长的安排,孩子如果违背了,就会面临惩罚和剥夺。研究发

现,这种方式并不能激发孩子自身内在的主动性和主动力,反而容易让其滋生依赖心理,把自己的失败归结为外在原因,从而丧失责任心,久而久之,就会变得不自信,消极退缩。最终,这样的人也是很难有自制力的。

认知心理学家皮亚杰指出,自主是不受奖励和惩罚的影响,通过考虑相关因素,自己做出是非判断、执行控制的能力。这就是我们今天所说的自律。家长有太多命令性的语言、太多的安排,最终会减弱孩子自主自律的能力。

建议家长转换语言方式,少命令,少指责,给孩子自主选择和自主执行的空间。如当孩子想玩游戏,家长原来说"不能玩",而现在要问"你选择玩5分钟还是10分钟呢?(你能接受的前提是最多玩10分钟)";当孩子不睡觉,一直让妈妈讲故事,家长原来说"闭上眼睛,不能再闹了",而现在要问"该睡觉了,你选择再听一个故事还是再听两个故事呢?";等等。如此类推,经过无数次这样的选择练习,家长对孩子的尊重和信任就会使他产生强大的力量感和自我控制的自信,从而帮助他做出最合适的判断和行为。

四、共情培养,帮助孩子延迟满足,做出利他行为

共情,是指体验别人的情绪或内心感受。幼儿对他人情绪表达的识别和理解是稳步发展的。研究发现,四五岁的孩子就可以通过他人的身体动作推断这个人是否快乐、气恼或悲哀。共情能力是幼儿社会性交往中非常重要的一种能力。很多需要进行自我控制和延迟满足的情境都发生在人际互动中,而良好的共情能力可以促

使他们关爱和帮助处于困境的人,从而抑制自己的需要,做出利他行为。具有很好的共情能力的孩子,在幼儿园会受到更多的欢迎和喜爱,入学以后,也更容易适应学校。

如果家庭中事事以孩子为中心,围着孩子转,孩子就会觉得这一切都是理所当然的,对别人的需要和感受视而不见,全然不顾,很难培养出共情的能力。所以,家长平时要注意多和孩子进行关于情绪、感受的谈话和交流,帮助孩子提升理解情绪的能力。比如奶奶生病了不舒服,就要告诉孩子自己生病时感觉很难受;爸爸下班回来很累,没力气陪孩子玩,可以告诉孩子"我现在很累,需要休息一下",而不是厌烦地把孩子推开。当然,面对孩子的情绪、感受,家长也要积极地去认同和表示理解。情绪认同就是一种共情示范,比如"我知道你现在很着急""我知道你有点难过""我看你一定是很激动"等。除此之外,家长还可以通过角色扮演、一起读相关主题的图画书等方式,引导孩子多了解和体验不同角色的情绪、感受。经过这样的教育和引导,孩子就会逐渐培养起共情能力。当孩子有了共情能力,他就不会只想着自己的需要,而是能顾及别人。他能理解其他小朋友也想玩这个玩具,所以他就得耐心等待,排队玩;他能理解小弟弟哭了,要妈妈抱,所以他得等一会儿再让妈妈给自己讲故事;他能理解姥姥胳膊疼了,太辛苦了,所以他应该自己走路。

培养延迟满足的能力是一场亲子共修炼的过程。不论是成人还是幼儿,都需要不断增强延迟满足的能力,才能实现自律的人生。孩子是家长的一面镜子,如果家长有很好的自制力,那么孩子也一定能够培养起自主、自律的人格,为他的幸福人生奠定坚实的基础。

(李一凡)

夸夸孩子没有形成的优点

每到开学时间,希望转到张老师班上的学生不计其数。家长喜欢他,学生也喜欢他。家长喜欢他,因为到了他班上,再顽皮的学生也不顽皮了,而且大都变得好学了;学生喜欢他,因为张老师很少批评学生。

班上有位学生小李,每次做清洁都躲着不去,于是清洁委员忍受不了,报告给张老师。然后,张老师在班上说:"小李这孩子,一向对班上的事情都非常积极,前段时间因忙于其他事情,耽误了清洁时间,但我相信以后他会加倍付出的!"到了下一周清洁大扫除时间,张老师早早来到清洁区,看见小李拿着球准备去操场打篮球。张老师主动和他打招呼:"你早早地出教室,做完清洁后,又去打球,时间安排好合理哟!"小李也没回答张老师的话,丢下篮球就去做清洁了。

那周班会时间,张老师又重点表扬了小李:"能合理利用时间,清洁、打球两不误,而且做清洁时认真负责,做得又快又好。"

小李本来对做清洁的态度是,要么不去,要么去了就敷衍塞责,但经不起张老师对他没形成的优点的表扬。谁都不喜欢别人的批评,更何况是孩子?面对孩子的不良行为,张老师再生气也不在学生面前

表现出来,而是表扬孩子没形成的优点,让孩子受宠若惊,从而按照张老师设想的方向发展。

小胡学习不认真,常常抄袭作业,可他每次将抄袭来的作业交给张老师,张老师都认真批阅。有一次,小胡作业的错误很多,但作业确实是他独立完成的。张老师抓住这个机会,对小胡进行大力表扬:"我一向认为小胡是一个踏踏实实的孩子,作业虽然错误多,但都是独立完成的。我相信,只要每天坚持这样,再加上有做不出来的题目就多到办公室来请教老师,小胡的成绩一定会突飞猛进!"他还将小胡独立完成的作业高高举起,展示给同学们看。

对于小胡每次抄袭来的作业,张老师都一声不吭,假装不知道,但每次发现小胡独立完成的作业,他不是在班上表扬他,就是和其家长进行视频对话:"您的孩子在学校学习越来越努力了,让您看看他独立完成的作业!"张老师将小胡独立完成的作业中做得非常准确的一部分发给家长看,让家长也高兴,而且张老师发现,每次和家长进行视频对话之后的第二天,小胡到学校,不仅学习认真,而且心情特别好。

表扬孩子没有形成的优点,传递着老师的一种期望和鼓励。孩子平白无故获得了老师的表扬,但无功不受禄,所以为了对得起老师的表扬,以后一定会注意自己的言行,努力朝老师希望的方向发展。

小宋好在班上搬弄是非,经常为此和同学发生矛盾。有一次晚饭后,张老师陪校长在操场散步,遇到了小宋。张老师将小宋拉到校长身边,介绍道:"这位就是我们班级里一名非常优秀的学生,不仅成绩好,而且善于调解同学间的矛盾,是我在班级管理中不可多得的左膀右臂。班级因为她,好多同学间的矛盾都迎刃而解了。"校长听了也表扬小宋,说她的行为值得全校学生学习。两人的表扬让小宋心里热乎乎的,后来她果然不负张老师的期望,不在班上搬弄是非了,而且朝张老师预设的方向努力,积极参与调解同学之间的矛盾。张老师在教育学生时,越是遇到令他头疼的事情,越是不直接表达出来,他担心因为自己的愤怒而伤害学生,而是抓住一切机会,恰到好处地表扬学生,暗示学生应该注意的事情,引导学生朝他希望的方向发展。

小赵聪明灵活,但就是粗心大意,每次考试总是不能考出好成绩。有一次在上学的路上,张老师遇到小赵,叫住他,向自己身边的亲戚介绍:"这位就是我们班上最有发展前途的孩子,不仅聪明,而且每次考试都认真计算,仔细思考,名牌大学对他而言指日可待!"张老师身边的亲戚也纷纷表扬小赵,其中一位亲戚拍着小赵的肩膀说:"好好努力,等你将来发展好了,我们也可以在其他人面前炫耀:这位优秀人物,他读书时我们就认识。"

有人说:"好孩子是夸奖出来的。"也有人说:"教育离不开批评!"但张老师能灵活地将批评意见隐藏在表扬中,既对孩子提出了批评意见,也旗帜鲜明地表达出对孩子取得成绩的期望,可谓一举两得。这样的老师,孩子能不喜欢?

(董建华)

家长如何做好幼小衔接？

刚放暑假,我就接到好几个家有二宝的朋友电话,都是咨询如何做好暑期幼小衔接工作,要不要把孩子送到衔接班里学习,是不是现在就要开始让孩子按小学的作息时间进行适应性训练,等等。我不得不佩服这些家长对孩子学习、成长的重视。但是,这些家长在注重孩子的幼小衔接的同时,也正在"贩卖焦虑",他们或是让孩子参加暑期幼小衔接班,给孩子补习一年级语文、数学知识,或是在家里让孩子看资料和刷题,搞"题海战术"。其实,我个人觉得完全没有必要这么做。

心情焦虑的家长朋友首先要避免三大误区:

误区一:幼小衔接就是教知识。这也是常见的误区之一。幼小衔接有两个重点,一是幼儿园大班的孩子要有入学准备,二是小学一年级的学生要做好入学适应。幼小衔接最重要的准备就是孩子作为主体的准备,孩子有没有特别主动想去上小学的愿望这一点尤其重要。

误区二:幼小衔接是无缝衔接。孩子入学前就该学会一年级的知识,这又是一个很典型的误区。好多家长常问我这是为什么。根据维果斯基的"最近发展区理论",我就从发展心理学视角来分析幼小衔接为什么不能无缝对接。人要适应社会,而要适应社会就要发展。正因为环境是新的,孩子才需要去适应。如果小学和幼儿园一样,孩子就不用适应了。从心理学角度来讲,孩子没有适应就没有发展,也就没有成长,所以家长朋友们要让孩子去成长,让孩子品尝因努力得来的成就感,这样更容易激发孩子探索求知的内驱力。

误区三:幼小衔接忽略培养习惯。幼小衔接时,孩子们要养成良好的学习习惯,包括乐于倾听的习惯、勇于发言的习惯、认真书写的习惯、完成任务的习惯等。良好的学习习惯会影响孩子的一生。孩子遇到困难时,家长们要多鼓励孩子;孩子取得成绩时,家长们要表扬孩子,并鼓励孩子继续保持,养成良好的学习习惯。好习惯让孩子受益终身。

在成功避开这三个误区后,在暑假期间,家长应该帮助孩子做好就读小学一年级的身心准备。它包含四个方面:一是向往入学,二是情绪良好,三是喜欢运动,四是动作协调。

另外,要做好幼小衔接,确保孩子跟得上班级进度,家长在假期里还要帮助孩子形成五种能力:

第一种:运笔控笔能力。家长要注意在孩子运笔、控笔的时候,检查其握笔姿势是否正确。

第二种:时间管理能力。家长从现在开始就要培养好孩子的时间管理能力,让孩子养成按时完成计划的好习惯。时间管理能力强的孩子在进入小学后也能把自己的学习、生活安排得井井有条。

第三种:识字储备能力。这并非让孩子超前学习。家长去了解一下就可以知道,小学一年级上半学期的数学题里面就会有大量的汉字,所以孩子在幼儿园阶段储备一定的识字量是非常有必要的。孩子如果还没有进行识字储备,那么可以先从140个高频汉字开始。家长还可以陪伴孩子读一些有趣的绘本故事,帮助孩子识字。

第四种：视觉专注能力。孩子进入小学后就要开始阅读和写作业了，这些都要用到孩子的视觉追踪、视觉广度、视觉分辨和手眼协调能力。孩子如果没有衔接好这些能力，那么在小学里面就会出现做题粗心马虎，跳行漏字，"b"和"d"、"p"和"q"、"6"和"9"分不清楚，加减符号搞混的情况，写作业速度也会非常慢。因此从现在开始，家长就要每天给孩子做视觉专注力的训练。

第五种：听觉专注能力。孩子学习好，听觉占了一半以上的原因。从现在开始，家长就要每天给孩子做听觉专注力的训练，比如可以跟孩子玩听动反应的游戏。家长发指令，如"举左手""举右手""用左手摸右耳"，让孩子快速做动作。孩子的听动反应能力越好，在课堂上的思维反应越快，就越学越有成就感，越学越想学，成绩自然越来越好。

刚上一年级的孩子若有这五种能力，在课堂上学习就能做到听得进、看得准、写得好、记得牢。

建议各位家长用长远的眼光来教育孩子，调整好心态，积极为孩子的长远发展做好铺垫，陪伴孩子一起度过这一阶段。

(伍元杰)

第6章 家庭生活

母女骑行

妈妈从来不会板着脸说教,她的教育总是在聊着玩着的同时,不经意间就让果果明白了许多。所以,正值叛逆期的果果和妈妈亲密无间。

"果果,秋叶斑斓,不可辜负,明早陪妈去骑行,锻炼身体,顺带着看看风景,可好啊?"

听着妈妈笑盈盈的建议,看着妈妈因为天天坚持跑步、年过四十依然匀称苗条的身材,爱美的果果点了点头。

天蒙蒙亮,两人出发。清晨的路上静寂无人,秋风凉飕飕地迎面扑来,果果不由缩起了脖子。妈妈把这看在眼里,笑着提议:"现在路上没人,不如我们比赛吧,看谁先骑到前面那个蓝色大楼前。"

"好呀!"小孩子好胜心强,果果一下子来了精神,话音刚落,已经猛地向前蹬去。

两人你追我赶,一路笑声不断,终究妈妈还是留了点劲,让果果率先到达终点。果果开心地欢呼:"吼吼,我赢啦!"红扑扑的小脸容光焕发,活脱脱一个红苹果。

"咱们果果真棒!"妈妈翘起大拇指称赞道,"现在不冷了吧?精神也振奋了吧?中医认为"动则生阳",一运动,阳气就生发,人就会精力充沛,所以我们平时要多多运动。你看妈妈天天跑步,精力多好啊!"

果果看着神采奕奕的妈妈,由衷地点头:"是的呢!运动真好,我都出汗了。"

"那我们慢一点骑吧,'汗为心之液',出汗多了,人就会伤心。我们出点微汗就好,妈妈觉得'微'是最好的状态,比如花微开或酒微醺。"

"是呀,花将开未开的时候真是特别漂亮呢……"果果接话道,话未说完,她突然惊叫起来,"妈妈,快看,太灿烂了!"

前方快车道中间有一排银杏树,树干笔直,仿佛昂首挺立的仪仗队,生机勃发。关键是那一树金黄呀,在晨曦中闪耀着,耀眼夺目!

"我们把它拍下来!"果果一边叫着一边停下了车。可是,任她拿着手机认真地调焦距、换角度,左拍右拍总是拍不出满意的效果。

眼见果果的小嘴嘟了起来,妈妈一把搂住了她的肩,柔声安慰:"没事的,果果,这虽然是一种小遗憾,但是哪有十全十美的人生呢?记住,万事我们只要尽心了就好。"

"万事只要尽心了就好。"果果若有所思地念叨着,继续上车前行。

"是呀,人生重要的是心安,尽心了就可以心安呀。"妈妈解释道,接着又说,"果果,刚才你说要拍下它,立刻就去拍了,没有等下一次,这很好,妈妈真心欣赏你的行动力。"

看着果果开心得嘴角上扬,妈妈一边和果果肩并肩骑行,一边侃侃而谈:"对于人生来说,'珍惜当下'很重要。妈妈昨天看书读到一段话,深有感触。是这样说的:'他们那么忙忙碌碌,好像他们有一万年好活似的,他们辜负了每一个当下。'你的说做就做就是珍惜当下,棒棒哒!"

这时天已经大亮了,阳光温柔地照在她们身上,果果只觉得心里暖暖的。

等绿灯的时候,果果又恋恋不舍地回头望向那排银杏树。突然心中一动,她要过妈妈的手机,又对着银杏树拍起来。

"妈妈,快来看,美炸啦!"果果兴奋地把刚拍的照片递向妈妈,那清脆的声音中溢满了惊喜,不亚于哥伦布发现了新大陆。

妈妈伸头看过去,也不由啧啧称叹:"哇,蓝天、白云、金色的银杏叶,简直是童话世界呀!"果果笑得眉眼弯弯,那灿烂的笑容和照片中的银杏叶一样耀眼。

绿灯亮了,母女俩继续快乐前行。

"果果,妈妈很开心你的不放弃。另外,你知道为什么你最终拍出了好看的照片吗?"

"哈哈,我就是有些不死心,所以又拍了一次。为什么?……"果果拖长的腔调里显示出她的思考和茫然。

"因为换了角度!"

"嗯嗯,对的对的,先前我是从西向东拍的,后来我是从东向西拍的。"果果点头如鸡啄米。

"只是换个角度,结果却大不同。果果,你知道吗?我们生活中许多事情也是这样的,换个角度看,就会有不一样的效果。"妈妈抓住机会开始教育,"就说前天你戴耳机听歌骑车,被电动车撞倒摔疼了腿,这当然不是好事。可是,我们可以从中吸取教训,下次不戴耳机了,这样就能避免类似事情甚至事故的发生,从这个角度来看……"

"哈哈,我明白了!妈妈,你是想说我们以后遇到事情都要从多个角度去看!"果果扬起眉毛,转过头,一脸得意地看向妈妈。

"好个聪明的小丫头,是我亲生的!"妈妈也学着果果的样子,扬起了眉毛,一脸得意地看向果果。

"哈哈哈……"欢乐的笑声传出很远很远。

骑行继续,教育继续,快乐继续……

(红　昆)

领孩子逛菜市场

"儿子,这是什么菜?"

"西兰花。"

"那这又是什么?"

"油麦菜,吃火锅时经常吃的,素炒也好吃。"

"不错。"我竖起大拇指夸儿子,"这买菜也有学问。夏季是蔬菜上市旺季,每天都有新鲜蔬菜,而且价格一天比一天便宜,每天要少买;冬季天冷,蔬菜少了,价格一天比一天贵,一次可多买些。"这是前不久的一个星期天早晨,我领儿子去菜市场的一个场景,而我领孩子逛菜市场也有好多年了。

记得那是孩子刚上六年级时开的一次家长会,我从班主任的口中得知,眼下一些孩子和他们的家长只关注学习成绩和班级排名、年级排名,却"两耳不闻窗外事",对一些社会知识知之甚少。她举了一个例子,一次在课堂上叫学生们列举日常生活中的10种蔬菜名称及它们的市场价格,结果全班能列举出来的不到五分之一,至于他们说出的蔬菜市场价格,更是和现实差别很大。

我是在农村长大的,记得小时候一个在省城生活的亲戚孩子来我们家,正巧是小麦生长期,那个十几岁的孩子竟错把小麦当成了韭菜,闹了个大笑话。其实,眼下不论在大城市还是中小城市,这种现象还是存在的,一些孩子天天吃菜

却不认识吃的是什么菜。

开完家长会的第二天正巧是星期六,一大早我就将孩子叫了起来,说带他逛菜市场去。孩子说他有不少作业要做呢,我说"去菜市场见识见识",这道"作业"比书本上的那些作业重要得多。

来到菜市场,由于赶上早市和星期六,市场内人来人往,络绎不绝,五颜六色的瓜果蔬菜一眼望去就惹人喜爱。我领着孩子来到排列有序的菜摊前,指着一菜摊前新鲜的菠菜问孩子:"这是什么菜?"谁知孩子眨了眨眼后竟回答不上来,我说"这是菠菜,我们前几天还吃过菠菜肉丸汤呢"。然后,我从衣兜里掏出事先准备好的纸和笔让孩子记下。整个菜市场逛下来后,23种瓜果蔬菜中,孩子竟有三分之二认不出来,其实这些瓜果蔬菜我们家都吃过,有好几种前几天还吃过呢。孩子为什么认不出?我想,要么在吃饭时我们做家长的没有跟他介绍,要么他没有问这是什么菜或忘了。

我没有立即带孩子回家,而是领着他又对菜市场中所有的瓜果蔬菜重新介绍了一遍后,叫他再认一遍。这一次,孩子认识了三分之二。对于他还没有完全认出的,我将其中的几种当即买了回去,并做成了可口的菜肴。同时,我将菜市场所有瓜果蔬菜的夏季价和冬季价(大棚栽培的瓜果蔬菜的价格)告诉了孩子,并从那周开始,每星期六我都带孩子逛菜市场。到第四周时,孩子就基本上认识并记住了菜市场上所有的瓜果蔬菜及其价格。

这事过后的一个星期六晚上,孩子拿出一份手抄稿放在我面前:"老爸,这是我从网上找到的菜市场那些瓜果蔬菜的名称、栽培方式、生长周期及营养价值的资料,以后你就按这个菜单给我们家采购。"我一看,手抄稿上密密麻麻竟写下了

20多种本地菜市场常有的瓜果蔬菜,我想不到孩子竟然都关注了。

一次,我带孩子去乡下的岳母家办事。正巧,岳母家附近就有好几处小菜园,孩子立即拉我跑了过去,这瞧瞧,那转转:"爸,这是西红柿,又叫番茄,常吃可补血美容。那是芹菜,能降血压。妈说你老喝酒,血压高可要多吃它噢。"我当即表扬孩子心细,观察力强,活学活用,一下子学到了课堂上学不到的很多东西。

如今,我只要进菜市场买菜,就会把孩子喊上。而我呢,则根据孩子提供的那张瓜果蔬菜营养价值表,合理进行搭配,不仅经济又实惠,美味又健康,而且让孩子喜欢上了好几种以前不爱吃的瓜果蔬菜。他说,那些不喜欢吃的菜营养价值那么高,为什么要挑剔呢。

我一边听一边连连点头,心里不禁窃喜,看来领着儿子逛菜市场,还真是逛对了!

(汪　志)

第7章 灯下夜话

慢慢成熟的苹果

"我不知道在别人看来,我是什么样的人;但在我自己看来,我不过就像是一个在海边玩的小孩,为不时发现比寻常更为光滑的一块鹅卵石和比寻常更为美丽的一片贝壳而沾沾自喜。而对于展现在我面前的浩瀚的真理的海洋,却全然没有发现。"

这是伟大的科学家牛顿对自己的认识和评价。尽管他太过谦虚,但"在海边玩的小孩"这个比喻却十分形象、巧妙和精当。

1643年1月4日,在英格兰林肯郡格兰瑟姆附近沃尔索普村的一个自耕农民家里,牛顿诞生了。牛顿是一个早产儿,生下来时只有一点点气息,还不够1.5千克重。由于他脖子太细了,助产士不得不制作一个小小的夹板,用来固定他的脑袋。谁也不认为这个早产儿能活下来,然而,他竟然活到了85岁的高寿,并成为一位震古烁今的科学巨人。

牛顿出身贫寒,在他出生前三个月,父亲便去世了。2岁时,母亲把牛顿留给他的外祖母,改嫁给牧师。因此,年幼的牛顿并没有享受过母爱。11岁时,继父去世,牛顿才得以和母亲及异性弟弟妹妹生活在一起。

不幸的遭遇使牛顿变得孤僻而倔强。

大约从5岁开始,牛顿被送到公立学校读书。少年时的牛顿并非神童,在学校里,他学习非常吃力,功课比较差。老师在讲到学习成绩不好的学生时,差不多总提到他。

牛顿虽然不算聪明,但却有一些突出的优点,其中最重要的就是肯钻研,善于独立思考,对时间抓得特别紧。他总是忙里偷闲地读书。他在市场上卖农产品时,要是没有顾客,就静静坐在墙角,津津有味地读起书来;上山放羊时,也总是带着书本去读,以致羊群偷吃了别人的庄稼他也不知道。

牛顿喜欢读书,也喜欢游戏。不过,他最喜欢的还是自己动手制作一些奇奇怪怪的小玩意儿,如风车、木钟、折叠式提灯等。

有一次,牛顿把风车的机械原理摸透后,就自己制造了一盘石磨的模型。他把老鼠绑在有轮子的踏车上,然后在轮子的前面放上一粒玉米,刚好那地方是老鼠可望而不可即的位置。老鼠想吃玉米,就不断地跑动,于是轮子也就不停地转动。

牛顿在风筝上悬挂了一盏小灯,然后在夜间放飞。村里人看了还以为是彗星出现了。

牛顿还制造了一个小水钟。每天早晨,小水钟就会自动滴水到他的脸上,催他起床。

牛顿自小热爱自然,喜欢动脑动手。8岁时,他就用自己积攒的零花钱买了锤子、锯子等工具来做手工。他特别喜欢刻制太阳钟,它类似于中国的日晷,利用圆盘上小棍的投影显示时刻。他家里的墙脚、窗台上到处都有他刻制的太阳钟。他做了一个太阳钟放在村中央,它被人称作"牛顿钟",一直用到了牛顿死后好几年。

牛顿15岁时,为了计算风力和风速,他选择在狂风发作时做顺风和逆风跳跃,再测量出两次跳跃的距离差。

牛顿在格兰瑟姆中学读书时,学习成绩仍不出众,但他仍然保留了爱好读书和游戏的特点,对自然现象,比如颜色、日影四季的移动等,充满了好奇心。

后来迫于生计,母亲让牛顿停学务农以赡养家庭,但牛顿一有机会便埋头读书,以致经常忘了干活。每次母亲叫他和佣人一道上市场做买卖,他总是恳求佣人一个人去,自己躲在树丛后面看书。后来,牛顿的好学精神感动了舅父,于是舅父劝服了牛顿的母亲让牛顿复学,并鼓励牛顿上大学读书。

1666年夏末一个温暖的傍晚,在英格兰林肯郡沃尔索普村,一个年轻人坐在一棵树下埋头读书,他一边翻动书页,一边苦苦思索着两个问题:是什么力量使月球保持在环绕地球运动的轨道上?又是什么行星能环绕太阳运行?这时候一阵微风吹来,他头顶的树枝开始晃动。一个历史上最著名的苹果落了下来,打在23岁的艾萨克·牛顿的头上。

就在那一瞬间,牛顿找到了这些问题的答案,并发现了著名的"万有引力"定律。

(庄 彬　陈彬铨)

莫让励志成为冷暴力

表妹是一名小学老师,下面是她对我讲述的故事:

我教的班上有一个名叫苏子恒的 11 岁小男生,生活在单亲家庭里,母亲身体有残疾,生活十分困难。但子恒很懂事,从小就学会了生活自理,还学会了照顾母亲。子恒学习很优秀,与同年的孩子相比,他成熟得多。我很喜欢子恒。

一天,班上有 10 多个学生数学考试不及格,其中有几个家庭条件很好的学生还一脸嬉皮笑脸的样子。

我说:"你们应该向子恒学习,他家里条件不好,母亲身体有残疾,生活十分困难,可他学习却很自觉刻苦,每次都考得很好!"

班上顿时一片寂静,但我看到子恒将头深深地低下了……

下班后,天色已黯淡下来,我刚走出学校,忽然听到身后有人喊我。我回头一看,原来是子恒。他正从一棵树后闪出。我惊讶地问道:"子恒,你怎么还没回家?"

子恒望着我,严肃地说道:"老师,请您今后不要用我来励志!"

我懵了,似乎没听懂子恒说的意思,又问了句:"子恒,你说什么?"

子恒又一字一句地说道:"老师,请您今后不要用我来励志！你拿我来励志，是让我站到同学们的对立面了，这不公平；同时你蓄意曝光我家庭的隐私，对我也是一种伤害，甚至是一种冷暴力。"

我胸口顿时好像被什么东西堵住了，一口气没有喘过来。我极力控制住自己的情绪，轻轻地说了句："哦，我知道了，你快回家吧！"

看着子恒郁郁寡欢地离开的背影，我不禁心绪难平。没想到，我用子恒克服困境、勤奋好学的事例给大家树立励志的榜样，却引起了子恒的反感，我对此感到不可理喻。

我把这件事对校长说了，想听听她的意见。

校长严肃地说道："你怎么能这样来励志呢？你事先得到子恒的同意了吗？希望你能向子恒道歉，消除他的心理阴影。"

我这才意识到问题的严重性，我本是善意，但这种善意对子恒来说，就有可能是一种伤害。

在班上，我专门向子恒作了道歉。子恒脸上露出腼腆的笑容，还亲切地拥抱了我，在我耳边轻轻说了句："您是一个好老师！"

我在班上向同学们讲述了我从一个农家的穷孩子，如何一步步成长，并当了他们的数学老师的经历。我看到，同学们听得都很认真，那几个家庭条件很好的学生还向我竖起了大拇指。

不知不觉，同学们的学习积极性明显提高了。每当我表扬他们学习有进步时，他们还兴奋地与我击掌相庆。

表妹不无感慨地说道："教育需要励志，但不是伤害。励志需要尊重每一个人的内心感受，这不仅是一种文明，更是教育的一种境界。"

(李良旭)

第8章 家教文萃

陪伴,既让孩子成长,也让家长成长

我当过教师。女儿小时候由我带在身边,我们一起上学、放学。吃过早饭,我牵着女儿的小手,她背着小书包,我们父女一起去学校。女儿读书,我教书。孩子先放学,就到办公室找我,于是我把她安排在办公室做作业。女儿拿出铅笔、本子,像模像样地做起来。当我下课时,孩子的作业也完成得差不多了。然后,我们一同回家。

回到家,女儿对我说:"爸爸,我饿了。"那时,家中经济条件很差,基本上没备什么零食。我一边生火做饭,一边安慰女儿:"好的,再等会儿就可以吃饭了。"女儿不哭也不闹,自个儿摆弄着玩具,玩得开开心心。有时,我也会放下手头的事情,陪孩子打一会儿陀螺或跳一会儿绳。有了大人的陪伴,笑容时常绽放在女儿的脸上。

吃完晚饭,洗好碗筷,我坐在书桌旁备课,女儿也拿出练习册,继续完成剩下的作业。窗外明月高悬,虫儿低鸣,郊区的夜静静的。我和女儿分别坐在桌子两旁,认真地做着各自的事,很少闲聊过。

睡觉前,孩子总爱缠着我讲故事。我的故事老是那几个,但她还是很喜欢听,听着听着就睡了。后来,听朋友说城里新华书店有讲故事、唱歌的磁带卖,我赶紧坐车去城里买了几盒。此后每天晚上,我就放一盒讲故事的磁带给孩子听。那些故事太有趣了,以至于女儿听上了瘾,每晚必听才肯入睡。有时,我看完书,她还睁着大眼睛,津津有味地听着,没半点睡意。我只好把磁带换一面,按下播放键,对她说:"这面听了,你就要睡觉哦。"沉浸在生动、有趣的故事中,女儿甜甜地睡着了,小嘴巴还一动一动的,大概是美妙的故事已进入了她的梦里吧。女儿听故事,我看书——这样陪伴孩子的场景,至今仍在我脑海中清晰地浮现着,想想挺温馨。

我喜欢看书,所以女儿也爱上了阅读。每次去城里逛街,逛新华书店不可少。她经常选好一本书,一看就是一个多小时,沉醉于书中,舍不得离开。女儿去城里什么都不要,总得买几本课外书。回家路上,女儿抱着书,一脸的满足。

孩子的许多习惯,说到底,受父母的影响很大,家长的无形影响胜过千万次说教。常听身边的家长说,现在的孩子好难管啊,他们放学回家后看电视、玩手机的兴趣远远超过做作业、读课外书的兴趣。家长说多了,他们不爱听,总觉得家长好烦。对于这些,我们更应从自身找原因。孩子放学回到家后,电视开着,大人玩着手机,聊着社交软件,逛着购物软件,却让孩子静下心来好好读书,这公平吗?要求孩子不做什么,家长要带头不做。要求孩子多读书,家长也应成为爱读书的人,为孩子树立一个好榜样。

女儿结婚生子后,也继承了我的传统,除上班之外,其余时间都全身心地陪伴在外孙身边。看吧,在这样的阅读氛围之中,外孙想不喜欢读书都很难。这些年来,外孙进步很大,各方面都令人满意,今年也考上了理想的大学。我们也在陪伴中不断克服焦躁的脾气,家庭氛围也越来越融洽。所以说:陪伴,既让孩子成长,也让家长成长。

(左宪法)

少一些约束和限制

家庭养育少不了要对孩子有一些约束和管教,但应把握一个度,就是不能总是给孩子们的行为"画红线""踩刹车",不能总是说"不要、不行、不可以"等。

约束和限制,虽然可以减少孩子们出错的可能,也有利于孩子们当下的安全,但对孩子们的成长却是一种干扰和阻碍,会影响到他们的尝试和探索精神,会阻碍孩子们的学习、进步和独立。过多的约束和限制,相当于捆住了孩子的手脚,缩小了孩子思考和行为的范围。久而久之,孩子也就少了观察、探索和尝试的机会,少了各种体验、经历和实践,这自然就会影响到孩子相关知识和经验的累积,影响到他相应能力的提升。

多一些规矩和限制,无疑是大人们最省心省力的带孩子方式,却也最有可能养出一个"低能儿",这显然是一种消极的养育方式,是父母的自私和偷懒,是对孩子成长的阻碍和伤害,是父母的失职行为。

真正爱孩子的父母,应该学会放手,多给孩子一些尊重、信任和自由,让孩子有更多的机会去尝试、锻炼、经历和体验,接纳和包容孩子所有的不足和过失。每一个孩子,都有无限的发展可能,而不应该被"圈养"。

(廉福录)

莫为孩子"护短"

现实生活中,我们经常见到这样的现象:老师批评了孩子的毛病,家长却东找原因,西找原因,为孩子开脱;街坊邻里对孩子提出意见,家长又千借口万理由地替孩子辩解;老师对孩子的评语中有批评的话,家长也非要找老师说个明白……凡此种种,一言以蔽之,就是"护短"。

"护短"的人,有的怕别人说孩子短处,影响孩子的名声;有的怕老师对孩子有坏印象,影响孩子进步。其实,这种"好心"是一种"偏心",是爱孩子失度的表现。

俗语说:"良药苦口利于病,忠言逆耳利于行。"有人对自己的孩子提出批评,虽然难听,但只要是正确的批评,就对孩子的进步大有好处。家长如果采取"护短"的态度,就会伤了提意见人的心,久而久之,人家也就缄口不言了。

俗语还说:"惯子如杀子。"给孩子"护短",势必会混淆孩子的是非观,甚至会让孩子产生"以短为长"的错觉。长此以往,岂不要让小错酿成大错,小过酿成大过,最终害了孩子吗?

要不"护短",当家长的首先要有点气度,要"宰相肚里能撑船"。对于能够当面指出孩子缺点的人,只要不是故意找茬的,当家长的都应该持一种真诚感谢的态度,虚心倾听,弄清原委,以便对孩子进行有针对性的教育。对于孩子,当家长的更应该引导他们正确地对待批评,有则坚决改正,无则勉励自己不犯类似错误。只要坚持这样做了,就会使孩子不断进步,家长也会在社会上受到尊重和好评。

(鲁庸兴)

第 9 章　忘年文苑

灯亮案头

　　当橘黄色的灯光洒满案头,我的工作便开始了。
　　工作是美丽的,因为灯光是温暖的。无论秋冬,无论春夏,当那柔和的光一波波向我扑来,我便会感受到流逝的光阴带给人的窒息的气息。我习惯在雨中的午后亮灯独坐。听雨,看灯,思想便从书本的文字中生发开去。此时的灯光,成了河流中的航标,或是荒原上的篝火,亲近之下,是对明天生活的遐想和渴望。
　　有了遐想和渴望,灯光便照耀着我们负重前行。暗礁险滩也罢,豺狼虎豹也罢,笔端触及纸面的瞬间,便注定自己是个行者。是行者就要背负行囊远走他乡。独行的旅程中,可能危机四伏,可能断炊缺粮,但面对征途中的干渴,有时会为一点点的水的拥有而信心倍增,力量倍长。橘黄色的灯光有时幻化为海面和沙漠,让人在跋涉中检测自己的力量。

力量为思想者所拥有。罗丹的《思想者》表现的不仅是睿智的额头。那深邃的目光中,有闪电划过天幕的劈响,震天撼地,其实不过是打动了人心。人心的力量是伟大的,人心的力量重过泪滴。

我见到过一次真正的花瓣的流泪。那是1992年春,在南京中山植物园的李时珍馆。一个午后,春雨潇潇,江苏省作家协会的文学读书班在这里搞文学讲座。朱红油漆地板的房屋中间,摆放的是三天前植物园领导赠送给读书班的一盆盛开的紫色玫瑰。盛开的紫色玫瑰在朱红油漆地板的衬托下,显得饱满有力,充满血性。生活好像要给每个与会者以提醒,就在大家凝神听课的时候,玫瑰的花瓣突然凋零。一瓣、两瓣、三瓣,硕大的叶片落在地板上,不仅有滚过心灵的訇然巨响,还有血一样的殷殷的红。春光易逝,春花易落,花开花谢间,是岁月不能承受的生命之重。

花瓣的生命之重,让我们慨叹年华似水。案头的灯光让我们的血一点点热了起来。有时真的就是这样想,案头的灯光,其实就是一轮太阳。我们只有逐日前行,才能执杖成林。

前些日子得一妙句,我想也和灯光有关:如果错过了白天的太阳,千万不要放弃夜晚的星星和月亮。

温暖的灯光能温暖人的一生。在台灯下,我像一个农民,时常听到犁铧翻动泥土的声响。

(龚　正)

清明时节忆纷纷

你每年清明都去扫墓,每次扫墓都有感慨。

人只有徘徊在墓群中,发现一个接一个的熟人的名字被镌刻在墓碑上时,才顿悟出生命的脆弱,才感叹起人生的飘零……

一块墓碑埋藏着一段历史,一缕香火燃烧着一份哀思。十多年来,每逢扫墓,你都会漫步在这片逝者的墓群,游走在这个亡灵的世界,让世俗的纷扰在这里找到净化的驿站,让怀旧的思绪在这里找到记忆的碎片……

经历了天寒地冻的冬季,草长莺飞,踏青折柳时,你第一次举家外出就是去看望先人的居所。在祭扫时,你低语诉告,向先人叙说一年的哀思,追忆着儿时被先人呵护的温暖,叹息着人不复生的无奈和不能守孝的遗憾,也会请先人为你今后的打拼和子女的平安祈祷一份护佑……

你也会找一找你过去的故交,或同事,或同学,或长辈,或晚生。他们先你而去,你追梦到若干年前,重新幻想他们的音容笑貌,再次拾起你们的陈事旧忆……

你一定会去看一下你曾经的她,燃一炷心香,飘祭殇情。她在那个世界还好吗?她的病痊愈了吗?她知道你来看她了吗?……你会专为她献上一束她生前喜爱的百合,把追恋埋在花蕊里,在飘逸的花香里重逢你的意中人,重温你的不了情……

你也曾在不经意中看到你过去的同道"仇"人。你会停留在他的墓前,静默不语。此时,你想到了什么?……恩怨情仇,过眼烟云;人生苦短,一去了之。你会在心里长叹一声,由衷地祷告一句:好生安息吧……

年复一年,只要是清明,只要在墓园,你都会用这样的方式寄托你对故人的怀念,思索你对人生的感悟,梳理你对世俗的困扰,拂去你对身外的诱惑……

在你离开他们重回凡尘时,仰望着蓝天中一抹白云,你会提示自己:珍惜生命,珍爱健康,珍视真情,珍藏美好……

(贾　坤)

戏如人生

戏剧舞台是生活的艺术再现。由于京剧行当齐全,唱腔丰富,它的包容性、可塑性是别的任何剧种所无法比拟的。大到历史变迁,小到夫妻开店,几乎时代的、人间的一切成败得失、悲欢离合、喜怒哀乐,没有不可以表现的。大场面如《群英会》《鸿门宴》《三打祝家庄》等戏,舞台上千军万马,恢宏而壮烈;小场面如《小放牛》《拾玉镯》《钓金龟》等戏,仅两个人物,轻盈而恬淡。但不论场面大小,它都是命运的较量、生活的折射,离不开人生这个大主题。

我总在想,为什么京剧的一些传统剧目,如《打渔杀家》《义责王魁》《苏三起解》《将相和》《霸王别姬》《李逵探母》以及《钓金龟》等戏,演了上百年了,久演不衰,让观众百看不厌,常看常兴,除了其上乘、精湛的艺术品位之外,我认为主要有两个原因:一是注重情节的把握。一出戏有一个较为完整的故事,跌宕起伏,引人入胜。二是它表现的人生价值与生命意义这些具有人类共性的永恒主题,易于引起观众的共鸣与联想。讲亲情、友情、爱情,讲孝道,讲除暴安良、惩恶扬善的戏,犹如人生的一面镜子,使得观众把它珍藏在心里,须臾不愿让它离去。这样的戏因为贴近人生,所以不会失去观众。

比如《钓金龟》,讲一个十来岁的孩子张义与寡母康氏相依为命。张义以钓鱼为生,赡养老母,感动上苍,于是上苍让他钓上了一只金龟。母亲训教儿子不可贪不义之财,因此张义又把金龟放入河中。这个子孝母、母教子的故事,清亮剔透。无论生活在哪个年代的观众看这出戏,心灵都会因其得到净化。

再比如《白蛇传》,它是一出具有反封建意义的神话剧。戏中讲白娘子为了爱,入深山盗仙草,不顾水漫金山。她的坚贞与抗争精神,曾感动过一位领袖人物。李银桥在一部书里说,毛泽东每看《白蛇传》,都会因感情激动而流泪。《白蛇传》看似虚化,反映的却是人生的坎坷与抗争。

戏如人生,人生如戏,台上台下,浑然如一,谁能不动容?

(孙盛元)

第10章　教师手记

让"问题学生"抬起头来走路

　　人们常说，天底下没有两片相同的树叶。学生也是如此。不管你所任教的班级是相对比较好的班，还是相对不那么好的班，班里都有或多或少的"问题学生"。

　　某男生从低年级到高年级一直是令老师头疼的学生。他平时的不良表现轻则是下课追打吵闹，重则是上课捣乱。因此，他在其他学生和老师的印象中是一个思想、行为有问题的学生。到了五年级，他在我的班上就读。我担任班主任，在他身上花的时间比在其他学生身上花的多得多。但尽管如此，我始终没有一棍子打死他，而是把他和班上的其他学生一样看待，甚至对他更加"照顾"，没有急于求成。

　　一天下午，上完第二节课以后，我班一学生来跟我说，男厕所的下水道堵塞了，厕所里"水漫金山"，一些男生在忙着通下水道，其中也有该男生。又上课了，突然，学校总务主任急匆匆地推开我班教室的门问道："男厕所的下水道是你们班学生堵塞的吗？"我班学生异口同声地说："不是。"总务主任走了，我又问了班上学生，他们还是说没有做坏事。我相信我班的学生，他们正直、诚实，有人犯错误，他们一定会揭发的。不久，总务主任又过来问了我班一次，而且还把我班的那个男生叫了出去。下课后，我把他叫到跟前，问总务主任问了他什么,他说总务主任问他是不是他做的坏事。我说:"你有没有去做坏事呢?你是怎么回答的?"他肯定地说:"我没有做坏事,我和班上的同学看到下水道堵塞了,就一起通下水道。"放学前,我也问了几个知情的学生,他们一致证明我班没有学生搞破坏。过了一天,我与总务主任交流此事,他说第四楼只有两个班,事情不是我班学生做的就是隔壁班学生做的,而且隔壁班的学生说是我班的那个男生做的。这时我感觉到事情不能这样不了了之,应该弄清事情的真相,对两个班的学生有个明确的交代,也好让他们引以为戒。

于是,我在活动课上让全班学生对这件事进行开诚布公的讨论,也对那个男生的表现发表自己的看法。结果全班学生一致认为,那位男生平时虽然有一些不文明的行为,但是他敢作敢为,从来不撒谎。他们还说没有看到他去做那件坏事。他自己也是这样说的。放学后,我把该男生留下来,心平气和地和他谈话。他也承认了平时做的一些坏事,但这件事就是没有做。最后我问他:"老师相信你,你敢去隔壁班对质吗?"他语气坚决地说:"敢!"我说:"好,明天晨会我们去隔壁班澄清事实,还你一个公道。"

后来,我和隔壁班的班主任讲了此事。第二天晨会上,我把他领到隔壁班询问是谁说他堵塞下水道的时候,他们都说没有说他。我顿时傻了,还有这样的事?转念一想,我明白了:因为这个学生以前的表现已经刻在人们的脑海中了,只要有什么不好的事发生,人们首先就会想到他。当时的我真的庆幸自己做了一件挽回学生名誉的事。我想:"今天幸亏和隔壁班进行了沟通,否则这件事不仅会在我们两个班之间引起误会,影响两个班的关系,还会使这个学生背上'黑锅'。"

我想:他可以抬起头来走路了。

(噻　庸)

第 11 章 他山之石

加拿大的课外家庭教育简介

加拿大的课堂教育和课外家庭教育是两个密不可分、互相配合的重要环节,构成了对中小学青少年的全方位教育体系。因此,除了在正规学校环境中为中小学生提供的先进、优质和重在实践的系统教育外,"放学后的家庭教育(Family Education after School)"是对学校提供的正规教育的一种协作,是促进孩子德智体全面发展和健康成长的重要补充。以下是对"放学后家庭教育"的一些简单介绍。

"放学后家庭教育"首先是通过丰富多彩的课外活动,以补充学校教育,并促进学生的全面发展。这些课外活动涉及艺术、体育、科学、社交技能等各个领域,通常由学校、社区组织、专业机构等联合提供。家长们总是积极安排自己的孩子参加多项课外教育活动,其中常见的包括:

1. 体育和健康。体育是加拿大课外教育的重要组成部分。学校和社区体育俱乐部相互配合,提供了许多机会吸引学生参与各种运动,如足球、篮球、曲棍球、滑雪等,促使学生培养健康的生活方式。

2. 艺术和文化。加拿大注重培养学生在艺术和文化方面的兴趣。学生可以参与音乐、舞蹈、戏剧、美术、书法等各种由公立或私立的培训班或艺术学校提供的专业培训。各族裔社区往往在盛大节日举办大型文艺演出或比赛,让才艺少儿们一展风采,增强其自信和才能。

3. 科学和技术。科学和技术领域的课外活动可以帮助孩子发展对STEM(科学、技术、工程和数学)领域的兴趣。这些活动的形式包括科学俱乐部、编程班、机器人竞赛等。家长们也经常带领孩子们去参观科学博物馆等场所,以拓宽孩子的知识面并激发他们对科技发明的好奇心。

4. 语言学习。加拿大是一个具有多族裔、多元文化的国家,学习第二语言是加拿大教育体系的一个重要部分。学生可以通过参与语言学习班、文化交流项目等来提高他们的语言技能和进行多元文化交往的能力。

5. 技能培训。学生可以参与各种技能培训,如烹饪班、手工艺课程、计算机编程等。这些培训有助于培养学生实用的技能和兴趣。

6. 社会服务和义工活动。家长们积极引导孩子们参与社区服务和义工活动,培养他们的责任感和社会意识。这些活动包括参与环保项目、服务老人和各种慈善组织的活动等。

7. 夏令营。夏令营是一个流行的课外教育选择,为学生提供了一个学习和冒险的机会。夏令营可以涵盖各种主题,包括户外探险、科学研究、艺术创作等。

根据笔者的观察,温哥华华裔社区的家长们大多让孩子们参加各种课外兴趣班。这对孩子们发现和培养自己的兴趣和天赋，帮助自己在特定领域内深入学习和发挥特长，为将来的职业发展奠定坚实的基础。同时，对孩子们在学习和实践过程中建立自信心，提高创造力，拓展视野，培养更为开放和包容的心态，从而提高自己良好的社交技能、团队合作和沟通能力，也都是大有裨益的。

除了课外教育活动外，家长对子女的日常教育更是不可或缺的。它包括以下几个方面：

1. 生活技能和价值观。家庭在传授生活技能、培养价值观和道德方面也发挥着至关重要的作用。培养孩子的责任感、理性、良知和批判性思维，是加拿大家庭教育的关键环节之一。

2. 养成良好的阅读习惯。鼓励孩子在家阅读是西方家庭教育的一个基本方面。家长往往提供各种书籍，并留出专门的阅读时间和孩子一起阅读。

3. 开放式沟通。家长和老师之间的定期沟通对于了解孩子的进步、挑战和优势至关重要。另外，家长和孩子之间的平等对话和沟通也是培养孩子良好心理素质的重要基础。

4. 家长参与学校活动。家长积极参与学校活动。家长会和志愿服务可以加强家庭和学校之间的联系。这类参与可以强化教育在孩子生活中的重要性。

总之,"放学后家庭教育"是一种协作方式,是对学校提供的正规教育的重要补充。通过在校外营造一个支持性的、有吸引力的成长环境,家庭可以为孩子的个人发展作出重大贡献。

（王子游）